中国这么美的
30个
自治州

带一本书去
昌吉

赵航 著

中国民族文化出版社
北京

秋之韵 闫有才／摄

目录 | CONTENTS

CHAPTER 01
昌吉州：繁荣吉祥、多元文化交融的宝地

2　　　走过悠久的历史
6　　　壮丽的山川风情
10　　一座黑马城市

CHAPTER 02
美丽的空中草原——江布拉克

18　　万亩麦海
23　　天山怪坡
27　　半截沟的石城子遗址

CHAPTER 03
中外驰名的天山天池

34　　世界自然遗产——天山
39　　高山湖泊天池
43　　王母娘娘祖庙的钟声

CHAPTER 04
最被太阳宠爱的地方——木垒

48　　世外桃源菜籽沟
51　　七彩油画平顶山
57　　云上草原马圈湾

CHAPTER 05
世界文化遗产——北庭都护府故城遗址

66　　盛唐回声：北庭都护府

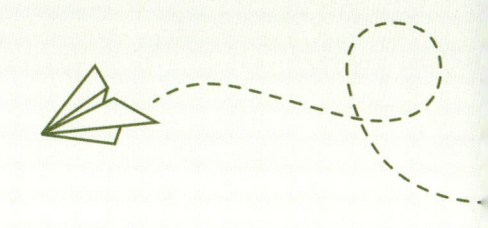

69　　每一个破城子都不简单
72　　西大寺的佛光

CHAPTER 06
令人惊艳的康家石门子景区

78　　塞人的生殖崇拜
81　　天山侏罗纪百里丹霞
85　　赤壁天湖——悬崖上的湖

CHAPTER 07
天山北坡唯一的天然湿地——玛纳斯国家湿地公园

92　　世界候鸟迁徙三号线
96　　八家户村——天鹅湖畔美丽村庄
100　　小李庄——"军垦第一庄"

CHAPTER 08
史前地质博物馆——准噶尔盆地

106　　创造生命奇迹的新疆野马繁殖研究中心
109　　红到极致的火烧山
114　　来自七亿年前的古海温泉

CHAPTER 09
在自驾中领略天山北坡的绚烂之美

120　　网红公路——新疆 S101 百里丹霞风景道
125　　天山一号风景道：来一场魅力乡村文化游
130　　新疆金牌线路：环游天山——千里黄金线

CHAPTER 10
四季缤纷乐园集萃

- 136 　新疆葫芦第一村
- 138 　天山天池民俗风情园
- 142 　名满天山的昌吉小吃街
- 147 　庭州生态绿谷——市民的心灵驿站
- 150 　夏季乐园：水磨河避暑休闲旅游度假区
- 153 　拥有七大主题乐园的杜氏旅游度假区

CHAPTER 11
美丽乡村与诗画文旅

- 160 　新疆传统村落月亮地村
- 164 　新地乡小分子画家村
- 170 　醉美阿什里
- 172 　玛纳斯中华碧玉园：探寻宝石的神秘魅力
- 175 　天山北麓葡萄酒风情街
- 177 　霍家大院：穿越时空而来

CHAPTER 12
带你转转博物馆

- 184 　昌吉博物馆
- 187 　昌吉恐龙博物馆：排名世界第四的古生物博物馆
- 192 　木垒博物馆：了解多元地域文化的窗口

CHAPTER 13
吃在昌吉州

- 198 　敦厚的面食，肠胃的安慰
- 201 　肉之盛宴，肉之豪迈
- 205 　米面肉的嘉年华

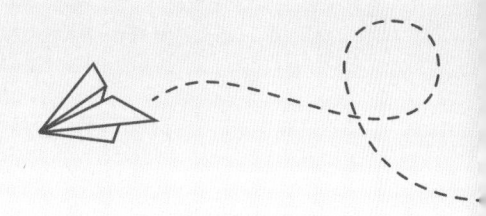

CHAPTER 14
这里是物产富饶的地方

210 　玛纳斯碧玉：深藏不露的华美
212 　奇台面粉：雪域的馈赠
216 　木垒鹰嘴豆：一颗豆子的人生哲学
218 　汇嘉星光夜市：写下"热爱生活"的情书
220 　去和好街吃木垒烧烤

CHAPTER 15
夜晚的民宿静谧温馨

226 　与肯斯瓦特水库面对面的红坑村精品民宿
229 　我见百花多妩媚：浸泡于花香之中的上九户村民宿
233 　以小麦之名等你：高品质的腰站子村民宿

CHAPTER 16
智慧与活力在此绽放

238 　哈萨克族刺绣
241 　新疆皮影戏
244 　剪纸艺术
246 　火热的"六月六"庙会暨北庭民俗文化旅游节
249 　与春天同在的纳吾鲁孜节
252 　塔塔尔族的文化盛宴：撒班节
254 　生命的热烈抒情——民间社火
260 　新疆曲子：唯一的新疆汉语剧种
263 　跳上一曲"黑走马"
267 　新疆花儿：心上的话

后记

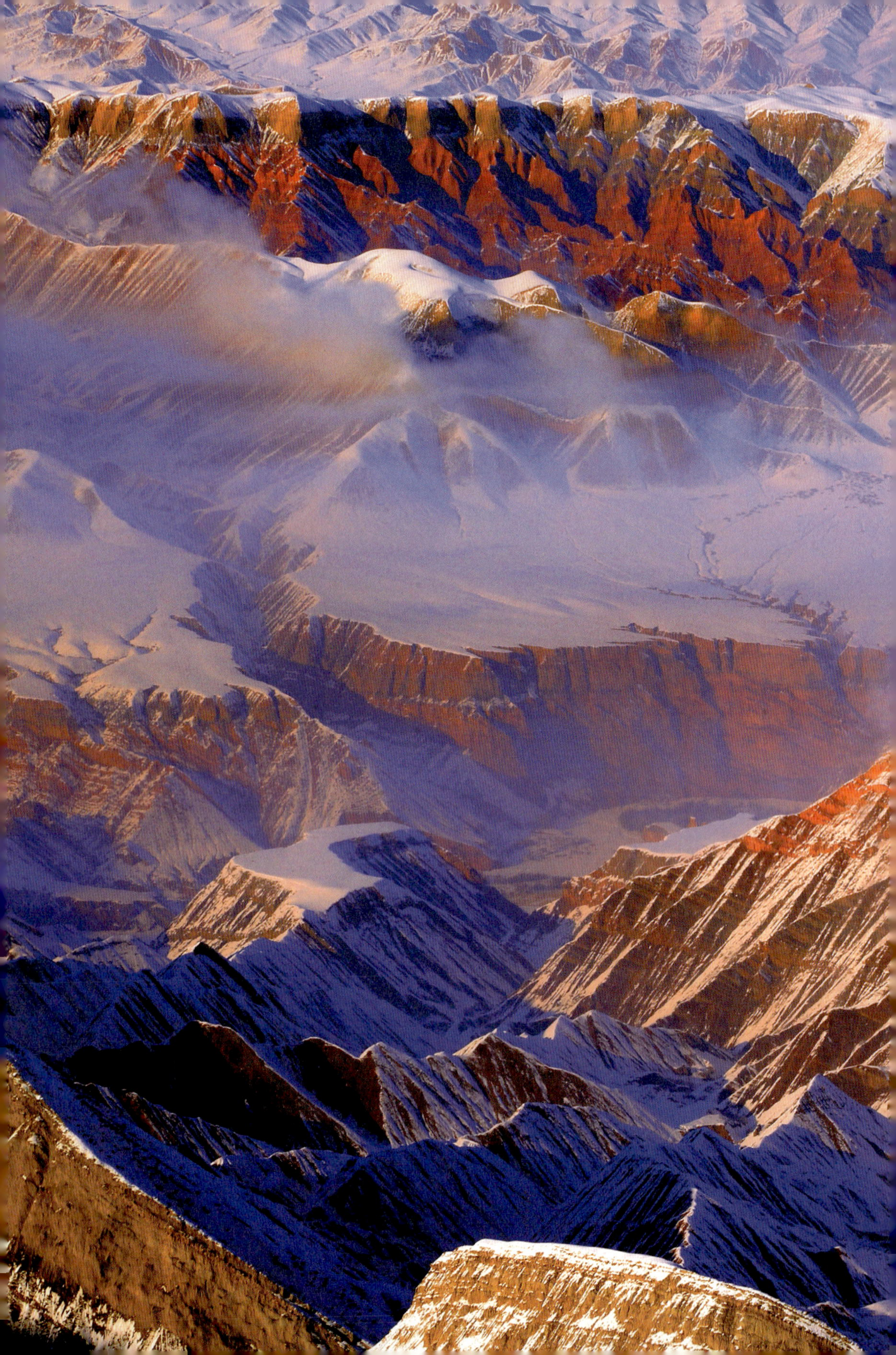

CHAPTER 01

昌吉州：繁荣吉祥、多元文化交融的宝地

努尔加大峡谷 马国芬/摄

昌吉回族自治州，简称"昌吉州"，正如它的名字一样，是一个昌盛吉祥、幸福安康的地方。这里能够满足你关于辽阔、关于灿烂、关于成长的所有想象。这个拥有多元璀璨历史的文化大州，每一寸土地都充满了故事……

走过悠久的历史

昌吉州，史称"庭州"，总面积近7.4万平方千米，历史源远流长。

早在新石器时期，木垒河一带已有原始人类狩猎。距今4000至3000年前，州境内已有人类居住，很长时期，这里是"游牧与种植的园地"。

昌吉的历史建制源于西汉时期，为车师后部；盛唐时是北庭都护府所在地，天山以北的政治、经济、贸易、文化中心；宋时，本境先后属吐蕃、回鹘汗国；元朝在此设别失八里行尚书省；清康熙三十六年（1697），康熙帝灭噶尔丹部，本境随归清朝。清乾隆二十七年（1762）筑宁边城，设巡检。宁边城即今日昌吉城市的前身。城周三里五分，高一丈五尺，有四门：东称文同（1883年改文经门），西称武定，南称谐迩，北称燮遐。乾隆三十八年（1773）置昌吉县，取"昌盛吉祥"之意，属迪化直隶州。光绪十年（1884）新疆建省，境内各县均归迪化府所辖。1914年属迪化道。1950年属迪化专区。1954年，昌吉回族自治区成立。1955年，昌吉回族自治区更名为昌吉回族自治州。

昌吉州：繁荣吉祥、多元文化交融的宝地

昌吉州行政区域辖五县二市：木垒哈萨克自治县、奇台县、呼图壁县、玛纳斯县、吉木萨尔县、阜康市、昌吉市。昌吉市，为州府所在地。在地图上看，这七地彼此呼应，犹如一只正从天山北坡展翅起飞的雄鹰。

作为亚欧大陆地理中心的一颗闪亮明珠，昌吉的历史地位举足轻重，历史篇章精彩纷呈，历史记忆深厚珍贵。

昌吉见证过古代丝绸之路上商旅云集的盛况与辉煌丝路文明的诞生，咽喉要塞车师古道上商贾、手工艺人、军队的风雪穿越；见证了西域各种民族文化、宗教、艺术的交融共生，多元文化魅力形成的过程；见证了古庭州军事重镇轮台、军事机构瀚海军和

2016年8月的奇台县石城子遗址挖掘现场 闫有才／摄

守捉戍所的凛然军威，如岑参那般奔赴"万里赴王事，一身无所求"之北庭戍边建功的豪情；见证了成吉思汗的帝王之辇轰鸣驶过，西征途中的狼烟四起；见证了乾隆皇帝平定准噶尔部，派遣5000军屯，修建粮仓，构建并钦命"宁边"城池之举。

通过丝绸之路，文明得以传播，文化得以交流。曾有专家说，在丝绸之路中，疏勒、北庭、木垒、奇台是昌吉州最重要的四个城市。它们分别代表了昌吉地区历史发展的四个时期：疏勒代表汉朝，北庭代表唐朝，木垒代表元朝，奇台代表清朝。今天，它们凭借着深厚的历史积淀和瑰丽的文化，成为昌吉州的文化名片，吸引着中外各地的无数游客。

昌吉素有"丝路要冲，黄金通衢"之美誉。辽阔的地域，并未完全冲减其历史文化的光芒。州域内400多处历史遗迹告诉人们，曾经的生活是真实的，人的精神更是真实的。而唐代诗人骆宾王、李白、岑参、李益、李商隐等，曾以庭州为题材，写下了大量的诗篇。

新疆最早发现的原始村落四道沟遗址，世界罕见的康家石门子岩画，闻名遐迩的世界文化遗产北庭故城及西大寺，入选2019年度全国十大考古新发现的石城子遗址，唐朝墩古城遗址等，精美的青铜飞兽，珍贵的土尔扈特银印，美轮美奂的雕塑壁画……这些丰富而珍贵的文化遗产，系统阐明了历代中央政权治理和管辖昌吉及各民族交往、交流、交融的历史，向人们展示了昌吉州深厚的历史底蕴和独特的文化魅力。

千年前，昌吉是丝绸之路新北道通往中亚、欧洲诸国的必经之路；千年后的今天，昌吉是丝绸之路经济带核心区的重要组成

昌吉州：繁荣吉祥、多元文化交融的宝地

建修博克达山庙碑

草原石人

铜钱"开元通宝" 奇台唐朝墩古城遗址挖掘

壁画 高昌回鹘时期

部分。在时代的位移中，多民族聚居，多元文化共生，令昌吉拥有了色彩斑斓的人文风貌，沉浸式行走于这片土地，才能更深地领略它呈现出的自足与深邃。

而雄鹰展翅，并不需要理由，因为天空足够浩大，大地足够辽阔。

壮丽的山川风情

有人说，不到新疆，不知中国之大；不到昌吉，不知新疆之美。

昌吉州坐落在亚欧大陆的中心地带，北与蒙古国接壤，东临

昌吉州：繁荣吉祥、多元文化交融的宝地

甘肃省，南接黄河流域和青海省，是新疆通往内地的交通枢纽。在新疆具有突出的区位优势，东、西、北三面环抱乌鲁木齐市，堪称乌鲁木齐的后花园。

昌吉州地势南高北低，由东南向西北倾斜，南部为天山山地，中部为冲积平原，北部是沙漠盆地，由于位于横亘南部的天山的北坡，因此被称为"天山北坡"。独特的地理环境，使昌吉州孕育出了丰富多彩的自然风貌。而昌吉大地，就像被上苍格外眷顾，四季分明，冬无严寒，夏季清凉，雨水平和，阳光充足，全年处在轻风等级，体感舒适，温馨惬意，且资源丰富，怀拥国家

奇台魔鬼城　王锡军/摄

级地质公园、森林公园、农业公园与湿地公园。

就地貌景观来说，昌吉州想低调都低调不起来。它浓缩了新疆的所有地貌，旅游资源类型丰富，自然景观较多，有着令人惊叹的美景。

壮美的天山山脉，浩瀚的沙漠盆地，巍峨的雪岭冰川，美丽的高山湖泊，广袤的高山草原，茂密的森林，绚丽的大峡谷，生机勃勃的湿地，亿年的古海温泉，雅丹地貌魔鬼城，亚洲面积最大、世界第二大的硅化木群，绵延百里的丹霞，金黄的木垒胡杨林……还有纵横千万亩的良田沃野，宜牧宜耕，从未辜负过天赐的绿洲带，亦是一道如诗如画的风景。

昌吉州，是新疆唯一同时拥有"双世界遗产"的地州。世界

百里丹霞风景道

文化遗产"北庭故城",底蕴深厚,世界自然遗产"新疆天山",风光雄浑,它们如同璀璨的双子星座,一文一武,交相辉映,令世人仰望,为世人骄傲。

国家 5A 级旅游风景区江布拉克,让人仿佛置身于人间仙境。面积达 568 平方千米的天山木垒中国农业公园,展开的是一幅绝美的壮丽画卷。

昌吉的北部,风光雄阔。被称为"史前地质博物馆"的准噶尔盆地,怀拥浩瀚神秘的中国第二大沙漠古尔班通古特,是野马的故乡,野生动物的天堂,最大的恐龙化石出土之地。

当看过各种景观在大地上留下的绚丽姿容,就会明白,大自然对昌吉有多么厚爱。

昌吉汇集着全疆重要的高速公路网,精心打造的四条风景道,包括环游天山——千里黄金线、百里丹霞风景道、天山 1 号风景道以及车师古道,是自驾游爱好者的天堂。这些风景道沿线汇聚了近百个令人叹为观止的旅游景点,将丹霞、草原、大漠、湖泊等自然景观和人文景观完美串联,织就成一幅幅宏伟壮丽的自然人文长卷。通过点轴结合、以线串点、以点带面的方式,令现代交通、生态绿化、文旅融合、产业振兴实现了深度融合发展,为游客提供了全域旅游的绝佳体验。

昌吉州,新疆花儿的故乡,以其独特的文化魅力吸引着中外游客。这里汇聚了维吾尔族、汉族、哈萨克族等 40 多个民族,不同民族文化和风俗在此交融,形成了昌吉多元灿烂的文化。在这片土地上,你可品尝到数不胜数的地道民族美食,感受到热气腾腾的生活气息。

■ 带一本书去昌吉

一座黑马城市

"把昌吉的风土装入瓶中，才能香飘丝路。"在昌吉举行的"一带一路"国际葡萄酒大赛上，法国评委的这句话，很容易激发人的联想。昌吉是全世界三个黄金葡萄酒产区之一，如果一杯葡萄酒能照见未来，那么，随古丝绸之路和驼铃一起来到昌吉的植物，就得到了它最好的命运。

当然，绝不仅仅于此。走过丝绸之路的芳华，来到"一带一路"贸易版图的开拓，昌吉州以创新发展为追求，将自己打造成一座美好的春天庭院，它是丝绸之路经济带核心区的重要组成部分，是天山北坡经济带和乌昌石城市群率先发展的核心区域，也是新疆现代工业、农业、交通信息、教育科技等最为发达的核心区域。它用一粒麦子、一块黑煤、一块光伏电板、一辆联合收割机、一枚单晶硅切片、纵横的互联网数据、装修一新的拔廊房等，不停地刷新着人们关于一座城市如何迅速壮大的认知。

昌吉州：繁荣吉祥、多元文化交融的宝地

木垒胡杨林 王锡军 / 摄

■带一本书去昌吉

昌吉市庭州生态绿谷 何龙/摄

昌吉州：繁荣吉祥、多元文化交融的宝地

它和乌鲁木齐市脸贴脸，得天独厚的地缘优势、资源优势、产业优势、环境优势和发展优势，令它的发展有着骏马飞奔的力量，昌吉经济繁荣，是新疆第二大经济体。

值得一提的，是昌吉州的农业，它是新疆的粮仓，亦是农业大州、种业大州，农业科技进步，创造了很多绿色奇迹。以农业之美为名，它有百余个休闲农业观光示范区，吸引着心中埋着美好田园梦的游客。

能想象吗？昌吉州进行了接二连三的"太空育种"实验，小麦、棉花、玉米、甜瓜等农作物的种子，坐着载人飞船，在经过太空洗礼之后，孕育出现代农业的新希望。早在2006年培育出的有籽西瓜品种——太空一号勿权，在全疆累计种植近200万亩（1亩约为666.7平方米）。当人们带着希望在春天耕耘时，几乎可以看到，一粒种子酝酿的丰收，让秋天的昌吉变得那么美丽，让秋天的中国变得那么富饶。昌吉的小麦、玉米、棉花种子的产量和质量在全国名列前茅，昌吉已经成为中国西部乃至中亚重要的种子集散地。

带一本书去昌吉

在全疆乃至西北构建起一道绿色生态屏障，也是昌吉州的使命。它创造出中国西北最大的苗木培育基地，成为西北苗木交易中心。绿树繁花的世界，推高负氧离子的含量，连鸟鸣都被慰藉得清新酣畅。

一个四通八达的城乡交通路网，将各族群众送向广阔多彩的世界，也将全国的游客送到了昌吉，在全域旅游的便利中，人们看到生活在不停地绽放着惊喜。中欧班列、国道高速，让距离变得不再遥远，东边牵手内地，西边牵手中亚，昌吉以立体高效的物流令人瞩目。这里成为投资关注的热点，更是人才汇聚的焦点。

作为州府，昌吉市的声音深沉而明媚，许多人见过它的巨大变化，感叹它如梦似幻的璀璨夜景，迷恋它烟火浓郁的市井，却不知道深藏某个巷口的一截土墙，是上千年、上百年的古迹。

在这片壮丽的山川地理中，昌吉人民凭借着勤劳和智慧，创造出了丰富多彩的文化。他们热爱自然，尊重大地，以山为骨，以水为脉，构建了一个美丽的家园。在一点一滴的蜕变中，"昌盛吉祥"不再仅仅是美好的愿景，而是今日昌吉大地上真实的写照。

昌吉州：繁荣吉祥、多元文化交融的宝地

车师古道 昌吉州文旅局 / 供图

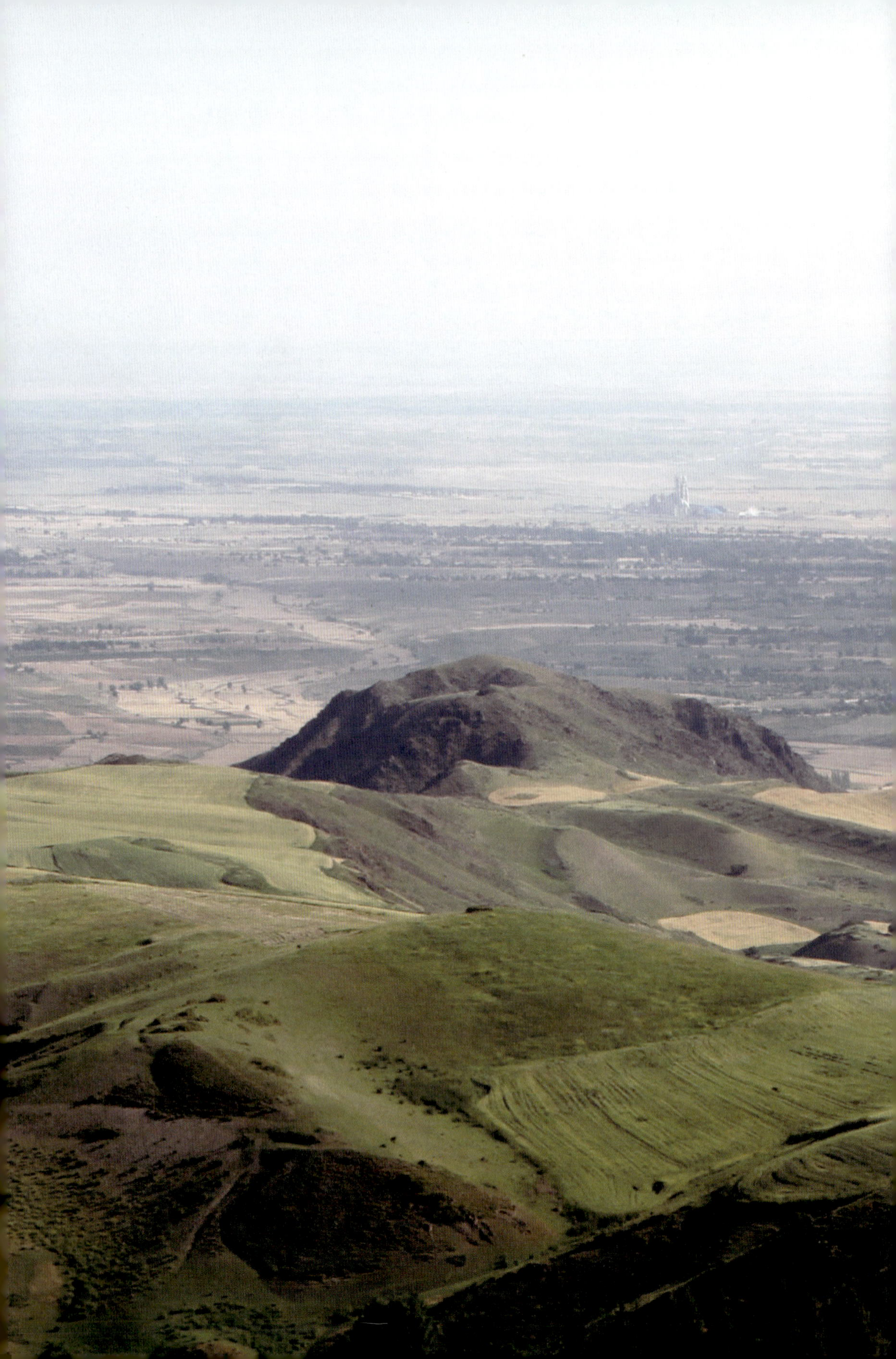

CHAPTER 02

美丽的空中草原——
江布拉克

江布拉克

带一本书去昌吉

美如果千篇一律，就失去了美的意义。

拥有美丽风景的地方太多，而拥有立体而饱满的美，激情而恬淡的美，绚烂而深幽的美，美得那样丰富多姿，花样翻新，除了江布拉克，在新疆，很难再找出第二个。

江布拉克，哈萨克语意为"圣水之源"，位于新疆奇台县半截沟镇南部山区，距乌鲁木齐195千米，总面积48平方千米，是国家级森林公园、国家5A级旅游风景区，被中科院确定为保护最完整的最早绿洲文化之一，是古丝绸北道重要景区之一。

美，奔腾于江布拉克辽阔的四季。

雪峰、高原、群山、林海、山泉、湖泊、草地、鲜花、牛羊、毡房……天山山水画卷，充满了自然的力量与神奇，令人惊叹。

2024年8月8日，奇台江布拉克机场正式通航，心向往之，不如乘机飞行。大美江布拉克，欢迎你。

万亩麦海

江布拉克地处北纬45度，位置得天独厚，是麦子的黄金种植地，有着两千多年的小麦种植历史。

景区有着国内规模最大的20万亩旱麦田，号称天山麦海。

麦海地处天山平均海拔1700米的高山和丘陵地带，前山主要种植大麦，丘陵地区广种大麦和小麦，独享世界"最高、最大的麦田"桂冠，是奇台县的一大农业景观，是江布拉克独树一帜的风景，也是世界重要的农业文化遗产。

美丽的空中草原——江布拉克

　　春夏季节，连绵起伏的山坡上麦田舒展，绿意如弦。初秋，麦浪随山势起伏，像金黄的书卷写满诗意与希望。深秋，收割后的金色麦垛堆满山坡，与如诗如弦金黄的麦茬一起，成了丰收的永恒注脚。

　　天山麦海，是新疆的瑰宝，是中华民族的瑰宝。它将自然之美与人文之韵完美融合，传承着千年的农业文化，也展现着新疆这片土地的富饶与美好。

　　每年的 7 月下旬至 8 月下旬，江布拉克低海拔的数万亩麦田日趋成熟，与碧绿的高山牧场一起，将江布拉克之美推向顶峰。山体的颜色随之变得斑斓多彩，绿黄相间，深浅不一。万亩麦田

江布拉克旱田 闫有才 / 摄

■ 带一本书去昌吉

流光溢彩，金色荡漾，美得盛大而震撼。但画面绝不单调，几棵古朴榆树点缀其间，浪漫又诗意，一派田园韵致。巨大绚美的色块，成为季节的主角，构成一幅大地油画，炫目辉煌。

金色麦海，不仅是大自然的馈赠，更是人类文明的象征。站在观景台，望着蔚蓝天空下涌动着的金色麦浪，是一种极其特别的体验。

头戴银冠的雄伟天山，身挂云杉冷翠的高山，一袭绿色华服的草原，与金色的麦田相映生辉，构成了一幅绝美的自然画卷，既让人感受到大自然的柔美与丰饶，宏伟与壮观，又让人感受到人类的智慧与力量，细腻与柔情。

沿着蜿蜒的木栈道走近麦田，站在波光粼粼的金黄背景中，像置身于一个童话般的金色世界，一切尘世的喧嚣都被抛诸脑后，

江布拉克 王锡军／摄

大地的调色板 闫有才/摄

那流淌在空气中的麦香，味道很醇很甜。

如果作环线自驾，在国家森林公园路段，能够俯瞰万亩麦海。新视角，大视野，感受奇特。大地辽阔，白云在天。山峦连绵起伏，沟谷错落交织，无数色彩缤纷的几何图形将它们连缀为一体。好一幅大地版画，它以令人惊艳的姿态，如梦如幻，让人一眼难忘。

万亩麦田，金黄无垠，是视觉的盛宴，更是心灵的洗礼。无数摄影爱好者的镜头追随着麦浪，捕捉麦穗在阳光下的活泼，聚焦麦穗流动于风中的妩媚。收割后的麦田，亦是特别的风景，金纹道道，或直或圆，像缓坡突然笑出了声，欣慰于农耕将回到泥土重新发酵。

奇台素有"世界大麦看新疆，新疆大麦看奇台"之称，是"中国小麦、大麦之乡"。奇台的高山旱作农业系统，源自两千年前的汉代，具有深厚的历史文化传承。山坡上的农田受雨水浸润，

秋之韵 闫有才/摄

夏日麦海 闫有才/摄

无须浇水，所谓"旱田不旱，靠天吃饭"。万亩麦田，与万物深情拥抱，为农人提供了丰富的生活资源，为自然环境和生态系统做出了贡献。

在江布拉克看万亩麦田，时间会慢下来，静下来，心灵会清宁得像一汪泉。

天山怪坡

造化之手，轻轻一画，便在半截沟镇约十千米处的刀条岭上，画出一段近300米的坡路。游客骑车行走在上面，上坡根本不用蹬，轻松极了，下坡却得费劲蹬，车轮才能移动。扔出手中的圆球来感受这坡之怪，还真怪异，圆球迅速爬向坡顶。

这就是江布拉克景区中一处特别的亮点——天山怪坡。

有人说它神秘，是造化专为江布拉克设计的绝妙一笔，有人说它是世界上最神奇的视觉魔术。它是吉尼斯认证的世界最长怪坡，有人干脆叫它"天下第一怪坡"。

怪坡被发现的时间是2003年的夏天。有一辆小轿车在行驶到"怪坡"时突然出了点故障，司机怕车向下滑，顺手捡起一块石头垫在车轮下，准备开始修理，可是车子竟然慢慢向上滑行，这让司机感到非常奇怪。出于好奇心，他试着把着方向盘向上，没想到车子竟然自动滑行起来，而且越滑越快，最后向上滑行了近300米。在这个过程中，他发现了一个奇怪的现象：在北低南高的路面上，车子竟然向高处自动滑行，而在向低处行驶时还

怪坡骑行

要加油。这种"倒行逆驶"的现象让他非常困惑。于是，他开始反复尝试，几次结果都一样。最后，他把这一消息登上了《都市消费晨报》，"怪坡"从此问世了。

一时间，江布拉克发现"怪坡"的事被炒得沸沸扬扬。当地的一个村民家住在"怪坡"的坡梁顶上，在"怪坡"跑了几十年，骑上摩托车下坡时加大油门，上坡时油门一撒就滑到了家门口。他见怪而不以为怪，直到"怪坡"出了名，再次骑行，才感觉到"怪坡"之怪。不得不说，这也算一种"当局者迷"。

站在怪坡上，从骑车的始处看，视觉中明明是北高南低，坡度明显，为何会产生"车往高处遛"的奇怪现象呢？不可思议。

科学时代，哪里还有什么不可解的神秘呢？

江布拉克怪坡的谜底已经揭晓。经过专家反复勘测，发现这

美丽的空中草原——江布拉克

个约 300 米长的"怪坡"上，低点处"坡底"海拔为 1899 米，而高点处海拔却只有 1897 米。整段"怪坡"落差只有 2 米。人们之所以颠倒了坡底和坡顶，是因为视觉情况与实际海拔高度出现了错位。这一视觉错觉产生的关键，在于"怪坡"周围的参照环境。在人们认为是低点的地方，周围为一片凹陷的谷地，在人们认为视觉是高点的路段两边，地势也相对较高。实际上，江布拉克"怪坡"是大自然呈现给人类的一个美妙魔术！人们的眼睛被欺骗了，并愉快地接受了这一"欺骗"。

天山怪坡郁金香园　闫有才 / 摄

■ 带一本书去昌吉

怪坡 闫有才/摄

  有时候，怪事虽经科学解释，仍令人如坠云雾；一经百嘴渲染，会神秘而变形。真正体验一把，才会获得惊喜。旅游就是这样，在大自然的奇妙之处停留，思考并探索，远比走马观花获得的启发要多。

  到了天山怪坡，如果不亲自骑车去见证怪坡，体验怪坡，感受一番"车往高处遛"的奇怪现象，不得不说，是一个遗憾。当然，无论站在"坡底"，还是站在"坡顶"，尽眼力打量"怪坡"周围的参照环境，还是很难从那种"错觉"中走出来。

  天山怪坡，就这么神奇又调皮。

半截沟的石城子遗址

石城子,史称疏勒城,位于奇台县城以南64千米——半截沟镇麻沟梁山坡上,海拔1770米。因建在麻沟河西岸的悬崖峭壁上,城为石头筑成,当地人称其为"石城子"。

石城子因耿恭将士的壮举而享誉历史。1972年首次发现了石城子遗址。后经大规模考古挖掘,证明是汉代的军事要塞疏勒城,这是新疆迄今为止发现的唯一汉代建筑遗址,获评"2019年度全国十大考古新发现"。

历史上著名的疏勒城保卫战就发生在此城。它是东汉戊己校尉耿恭率领三百勇敢的汉家兵抗击匈奴,坚守城池,创造了军事奇迹,书写生命传奇的地方。

疏勒城遗址 闫有才/摄

■带一本书去昌吉

到石城子遗址，只为凭吊勇敢的先人。但千万不要因为核心遗址被保护着或者因故没有开放，便只在指示牌前留个影，而后离去。千年疏勒，是一座英雄之城，虽只余废墟，却值得你为它驻足，值得你认真读一读那些考古挖掘的成果文字，了解被掩埋于废墟之下的厚重时光和勇士们洒下的热血。

请一定沿着木栈道爬上山坡。遗址在哪儿？就在脚下。在木栈道左侧，有一截长满了野草的断垣，无声地向山顶延伸，这断垣便是一千年前疏勒城的城墙。断垣虽不起眼，如果没有人提示，会以为是一段普通的田头土埂。起始处较低，只有几十厘米，到山顶处为最高，超过一米。

站在坡顶最高处，站在悬崖深涧边，视野是开阔的。骑马的牧人站在对面的耸入云端的山梁之上，要不是他用长长的啸声打

牧羊归 丁玉礼/摄

招呼，很难发现微若麦粒的他。怪石深谷可见麻沟河如丝带蜿蜒。而背对悬崖，则是一片美丽的田园牧歌景象。金色麦田随山势起舞，远处缓坡上零散坐落着几家农舍，游客们的欢笑声从疏勒影视城的蒙古大帐传来，流云在美丽的高山牧场上空飞动。

著名的萨尔勒克达坂距遗址不远，有间道直通鄯善和吐鲁番。疏勒城地势险峻，易守难攻，雄踞在这条南北疆通道的险关隘口之处。

疏勒城依山而建，呈长方形，南北宽146米，东西长214米。东南面紧靠河岸峭壁悬崖，西面下临深壑，北靠一面陡坡，整个城池地势北高南低，为倾斜之势，居高临下，高拔险要，易守难攻。古城南面有向外突出的大土墩，残留着马厩与角堡的遗址，西南门旁有两块巨石。

疏勒城由历史深处显现，从那里，走出了东汉时期名将和民族英雄——耿恭。

据《后汉书·耿恭传》记载，汉代派耿恭前往西域屯田固边。东汉永平十八年（75），匈奴来犯，戊己校尉耿恭将军率数百名将士坚守疏勒城，与匈奴对峙了一年多，创造了军事史上以少胜多的战役奇迹，也创造了矢志坚守超越极限的生命传奇。史书记载了这段可歌可泣的故事，任何人听了都会血气偾张。

在与匈奴对峙的一年多时间里，匈奴先断水源。史书记载："吏士渴乏，笮马粪汁而饮之。"耿恭率士兵在城中挖井，深挖地达15丈，仍不见一滴水。耿恭便长跪于干井旁，虔诚祈祷上苍赐水。派人再下井挖土，未久，一道飞泉喷涌而出。这解救生命的水，若说来得神奇，理由只有一个——英雄的钢铁意志。

匈奴遣使者许以高官美姬以换其降，耿恭却誓与士兵同生死。军粮耗尽，皮革解饥。彻底断粮后，原五百将士，仅剩26位。这26位勇士，终于等到了耿恭部下范羌的援兵，因为范羌坚信耿恭仍在坚守。范羌独自率两千汉军，翻越天山，完成了最后的营救任务。惨烈的坚持，壮烈的会师，疏勒城仿佛重返人间。

汉疏勒古城文化层堆积丰富，已出土汉代灰陶片、板瓦、云纹瓦当、筒瓦残片有近百件，现有六块完整的绳纹板瓦珍藏于奇台博物馆。

江布拉克的第一景，便是耿公台。当年，耿恭身处百死之地，却英勇无畏，他无数次地登上瞭望台巡查敌情，这一形象已深深定格于史册。

民国初年文人梁寒操在《望耿公台》一诗中写道："三千载

属中华地,都籍先贤血汗来。伟烈难志超与勇,只今唯见耿公台。"

斯人已逝,精神长存。

石城子出土的云纹瓦当

云纹瓦当

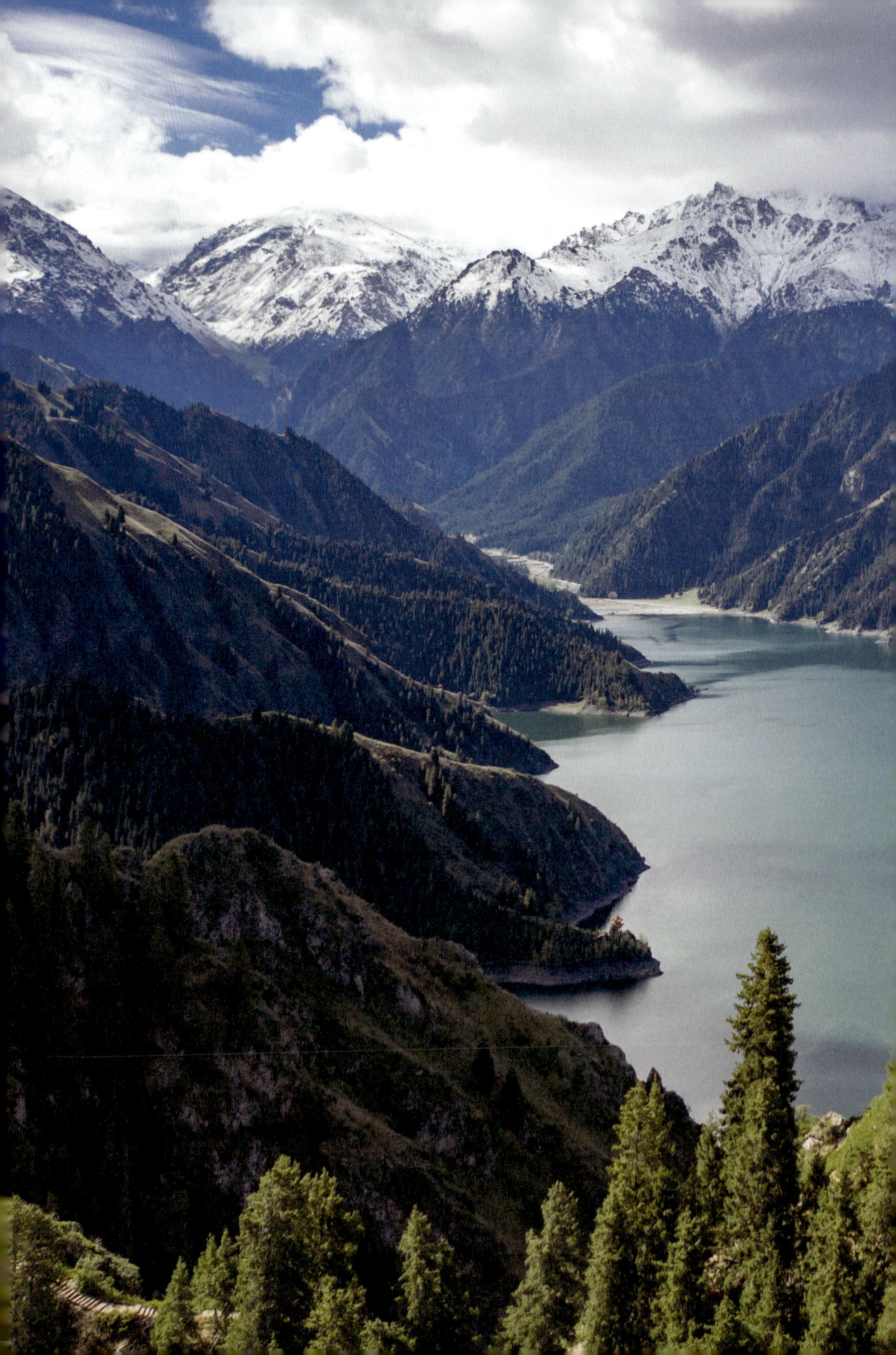

CHAPTER 03
中外驰名的天山天池

天山天池 巴克达吾列提·特列吾巴依 / 摄

有人说，天山天池，是一生一定要来三次的地方。

天山天池风景秀丽，不仅是世界自然遗产，是著名避暑和旅游胜地，更是新疆旅游的一张名片。天山天池风景区位于乌鲁木齐东南天山山脉，昌吉州阜康市境内，规划面积548平方千米。风景区内囊括了高山冰川、冻土草原、森林峡谷、青山秀水、荒漠丘陵和沙漠自然景观，分八大景区、15个景群、38个景点，是我国西北干旱地区典型的山岳型自然景观。是国家5A级旅游景区、全国文明景区。

世界自然遗产——天山

李白没去过蜀道，却凭借奇崛想象写出了《蜀道难》，没有去过天姥山，却写出了绮丽之文《梦游天姥吟留别》。他笔下的蜀道和天姥山，极高极峻极险，令人敬畏。他笔下的天山，却在雄奇高拔之外，还充满着阔大的浪漫与诗意，令人油然而生向往之情。

"明月出天山，苍茫云海间。"

天山，是自然的恩典，是崇高之美的化身，是新疆的象征，是无数绿洲的发源地，无数河流的父亲，是新疆各族人民的骄傲和共同的精神家园。

它那如人体血管般丰富的褶皱里，风光无限，气象万千，若人间仙境，召唤着无数生灵怒放，去爱，去歌唱。

中国新疆天山，于2013年第37届世界遗产大会上申报成功，

中外驰名的天山天池

跻身《世界遗产名录》，成为新疆乃至中国西北地区首屈一指的世界自然遗产瑰宝。

新疆天山拥有独特的自然地理特征和一系列风景优美的区域，包括：壮观的雪山冰峰、优美的森林和草甸、清澈的河流湖泊、宏伟的红岩峡谷。这些景观与邻近的沙漠景观形成巨大的反差，在炎热与寒冷、干旱与湿润、荒凉与繁茂之间形成强烈的视觉对比。该遗产的地貌和生态系统，是正在进行的生物生态演化进程的一个绝佳范例。

天山是世界七大山系之一，是世界上距离海洋最远的山脉，

博格达雪峰 巴克达吾列提·特列吾巴依 / 摄

是世界上唯一被沙漠包围，而且还有冰川发育的巨型山脉，平均海拔4000米以上。天山在我国境内的山体部分，绵延近1700千米，占地达57万平方千米，占整个新疆面积的三分之一。

位于昌吉回族自治州的这一段，常被称为东天山。海拔5445米的博格达峰，蒙古语的意思是"神灵"。博格达峰怀抱天池，永远白冠银袍，若梦幻天使，是一座固体水库，所谓"骄阳看雪"，说的就是它。

自古以来，民间将它视为冰雪圣峰，认为它有强大的自然力量，因而留下许多膜拜雪峰或祭祀的印迹，包括岩画。

据记载，阜康于清乾隆四十一年（1776）设县，取意"物

中外驰名的天山天池

阜民康"。乾隆曾两次下文"祭告"博格达山,后来每年春秋两季,官方都会组织祭拜博格达山活动。2010年,新疆文物考古研究所的考古人员发掘博克达山庙,发现了名为"建修博克达山庙记"的石碑。石碑记载着博克达山庙的修建时间,即光绪十四年(1888),描述了天山天池的自然景观以及庙所在位置周边的地理环境。这一实物证明了清政府对新疆的有效管理,也提供了一个重要的历史见证,展示了人类对自然环境的敬畏和尊重。

天山褶皱中藏有无数绝世风景。灯杆山和马牙山,是博格达群山的一部分,其景之奇特壮美,令人叹为观止。灯杆山顶峰耸立着三块巨大的石笋,其状如戟,直刺长空,又称"顶天三石"。

天山博格达峰 周恃玉 / 摄

■ 带一本书去昌吉

据传庙中道人曾经在山顶立杆挂长明灯，预示世间太平，遥遥为远处城中（指今乌鲁木齐）的百姓祈福，民间感念于此，便叫此山为灯杆山。马牙山是环抱天池十个山峰中最高的一座。古人以诗咏之："三峰并起插云寒，四壁横陈绕涧盘。"

坐索道可上马牙山和灯杆山。俯瞰天池，或移步换景，以博格达峰的视角看天池，镶嵌在山谷中的天池，如美质凝碧，显得极为珍贵。再环顾四周，会发现山峦青郁凛冽，剑指长空，那出岫白云，仿佛伸手可触。站在山顶，眺望远处，面对一幅巨大生动的山水画，除了震撼，还是震撼。

从乌鲁木齐出发去天池，有 110 千米路程。自游客服务中

明月出天山 周恃玉 / 摄

心之后的路程，海拔一点点升高，天山由此具象而亲切，当三座并立的雪峰映入眼帘，不用怀疑，那就是博格达峰。

高山湖泊天池

百闻不如一见。明信片上的天池固然很美，但当它生气淋漓地铺开在你的眼前，那流动的粼粼银波，那云杉倒影宛若凝玉的碧绿，那天光云影的自在，那清澈碧透的气质，才是永恒之美。

天池，位于博格达峰山腰，是两百万年以前第四季大冰川活动中形成的高山冰碛湖，海拔1980米，面积约5平方千米，湖面呈半月形，长3400米，最宽处约1500米，湖深数米到上百米不等。它北岸的天然堤坝就是一道碛垅，如今站满了游客。

乾隆四十八年（1783），乌鲁木齐都统明亮曾登博格达峰和天池一带，开山引水，并在天池渠口附近立石碑纪念此举。在记述此事的《灵山天池疏凿水渠碑记》中，他借"见神池浩淼，如天镜浮空"一句的"天池"二字命名此湖。天池流出的三工河水为阜康市农牧业主要灌溉水源。

湖滨绿草如茵，鲜花盛开，四周群山环抱，青峦拔翠。群山自动让开一条路，将天池捧在掌心。人间仙境，说的就是天池。不需要滤镜，不需要美颜，天池美得不可思议，语言难以描述其美。

天池周围有八大景观，分别是"石门一线""龙潭碧月""顶天三石""定海神针""南山望雪""西山观松""海峰晨曦"和"悬泉飞瀑"，每一处都不负风景名胜之誉，让人感觉震撼。

500 米高空下的天池 新疆天池管理委员会 / 供图

它们携带着旧时光里的故事，唱着新时光里的歌谣，各美其美，美美与共，融化在游客的心目中。而所谓天镜浮空，指的就是天池本身。

池边的水呈现出大海般迷人的蓝色。将目光撒开。令人心醉的翠绿色铺满了湖面，神秘而深邃。凭栏凝望间，仿佛铅华尽洗，尘世喧嚣悄然退却，洗净铅华，一股静气悠然注满心田。

但这还不够，大老远地跑一趟，来到天池身边，当然要乘一次游船，来一场泛舟横渡，去往天池深处，任由目光如风，在那晶莹剔透的绿波上飘拂而过，甚至，可以伸出手，去接飞溅的珠玉，一颗珠玉内，藏着两岸青山和茂密的云杉。

如果站在船尾，看游船拖出的一道长长的白色水波，可能会很久都挪不开目光。而站在码头正看着这道水波的人，同样也挪不开目光。

阳光倾泻在绿色的湖面，游船拖着白色波纹向前方快速游动。那一道巨大的白色波纹，银光闪闪，让人瞬间想起庄子笔下的大鲲，而大鲲劈开海浪出行时的美，无与伦比。

亦可以沿着环湖栈道环绕湖边一周。天山天池拥有完整的垂直自然景观带，云杉和松树林，层叠的山峦，如茵绿草，裸露鳞鳞的山岩，闪着银光的雪峰，它们由低到高，依次排列。随着视线升高，心也飞升起来，直到雪峰尽头，蓝天深处。

天山天池的美还在于它的丰富，它从来都不会解甲归田，它的四季都美丽如画。

春季，鸟儿四处传送着开湖的消息，将满山春花唤醒。夏季

天山天池　巴克达吾列提·特列吾巴依／摄

> 带一本书去昌吉

冬季天池湖面活动 巴克达吾列提·特列吾巴依 / 摄

　　的天池，清爽宜人，是接待中外游客的避暑胜地。秋季，它绚丽多彩，百万亩雪岭云杉像一条彩色的飘带，环绕着湖水。冬季，天山天池，银装素裹，宛如童话世界。湖上坚冰如玉，是理想的高山溜冰场。

　　最好，按着木栈道的指引走呀走。到神奇的大榆树前系一根红丝带，到飞龙潭看水珠中的彩虹，在小天池体会鱼儿皆若空游无所依的明澈之境。那样，游行的快感与美感，才可能是完整的。

王母娘娘祖庙的钟声

在天池东岸海拔两千米的半山腰上，矗立着一座气势恢弘、庄严肃穆的道观——西王母祖庙。它面朝南方，三面环山，一面环水，尽享山水之灵气，凝聚日月之精华，无疑是块风水宝地。

西王母祖庙又称"娘娘庙"，始建于元朝，是新疆最古老且海拔最高的道观之一。1218年，成吉思汗与全真七子之一的丘处机在天池讲经说法，书写了一段历史佳话。"天池论道"之后，丘真人依照民间传说修建了西王母祖庙。从此，西王母祖庙成为中国西部道教文化的传播圣地。

1994年，西王母祖庙在原址上重建，扩大了面积，增加了东西两个配殿，山门前增建了钟楼和鼓楼，形制更为壮观。庙内供奉着王母娘娘全身像以及原娘娘庙的部分遗物，如古钟、瓦当、壁画等。自重建以来，信奉道教者纷纷来此寻根拜祖，香火非常旺盛。

更多人则被记载于《穆天子传》中周穆王姬满与西王母瑶池相会的浪漫故事打动。

白云在天，山陵自出。道里悠远，山川间之。将子无死，尚能复来？这首"白云谣"表达的是西王母期待再次相逢的款款深情。周穆王唱和道：予归东土，和治诸夏。万民平均，吾顾见汝。比及三年，将复而野。面对周穆王三年后再来的口头承诺，西王母说：祝君长寿，愿君再来！然而，也许被国事羁绊，周穆王一去不复返。那块他亲手刻下"西王母之山"五字的石碑，那一棵他亲手种下的槐树，是否成了西王母睹之伤心之物，不得而知。

倒是唐代诗人李商隐赋诗一首：瑶池阿母倚窗开，黄竹歌声动地哀。八骏日行三万里，穆王何事不重来？

这段发生在很多年前的爱情故事，短暂而美丽，为天山天池增添了永恒的魅力。是否真的存在万古长青的事物呢？是博格达峰的壮丽，还是天池的清澈，抑或是西王母的深情厚意？

西王母是中国神话体系的关键神祇。汉唐之后，西王母成为道教主神。在民间传说中，王母娘娘在天池（瑶池）修炼成仙，成了众仙之首。在神魔小说《西游记》的广泛传播下，瑶池作为王母娘娘举行蟠桃会与众仙宴饮的所在，已经广为人知。

今天，站在天池边上，透过现实观照神话，西王母祖庙的原址是王母娘娘的瑶池宫，西天池是她的洗脚盆，天池岸边那株系满祈福红绳被称为"定海神针"的老榆树，则是王母降伏水怪所用的碧玉簪。

降妖伏魔的西王母是天宫王母；而千年等一回的西王母，也许是活动在新疆地区的一个母系氏族部落的女酋长。因为《穆天子传》中记载："西王母如人，虎齿，蓬发戴胜，善啸。"

实际上，无论有多少疑虑，总有一天会水落石出。最终，西王母与天宫王母的形象在神话中重叠了。在悠久的岁月里，天山天池逐渐成为现实与神话的边界，孕育出内涵丰富的西王母文化。

西王母文化是一种独特的信仰和文化。西王母象征着生命之神和繁育之神。她的故事在昌吉州多个民族中流传，包括汉族、蒙古族、哈萨克族、回族和维吾尔族等，展示了西王母文化跨民族、跨区域的广泛流传性。

历经千年的沉淀和传承，天山天池的西王母文化已经成为了

西王母庙

中华文化的重要组成部分。

  2014年,阜康市的"西王母神话"被列入国家级"非遗"名录。名录每年农历七月十八日,天山天池西王母诞辰日,天池边都会举办盛大的西王母文化庙会。各族人民和海外侨胞纷至沓来,品尝美食、观赏民俗表演、参与有趣的互动游戏,去钟楼撞钟祈福,处处洋溢着欢乐和祥和的气氛。

  当祈福的钟声悠然响起,博格达峰听到的和你心里说出的,一样真挚。

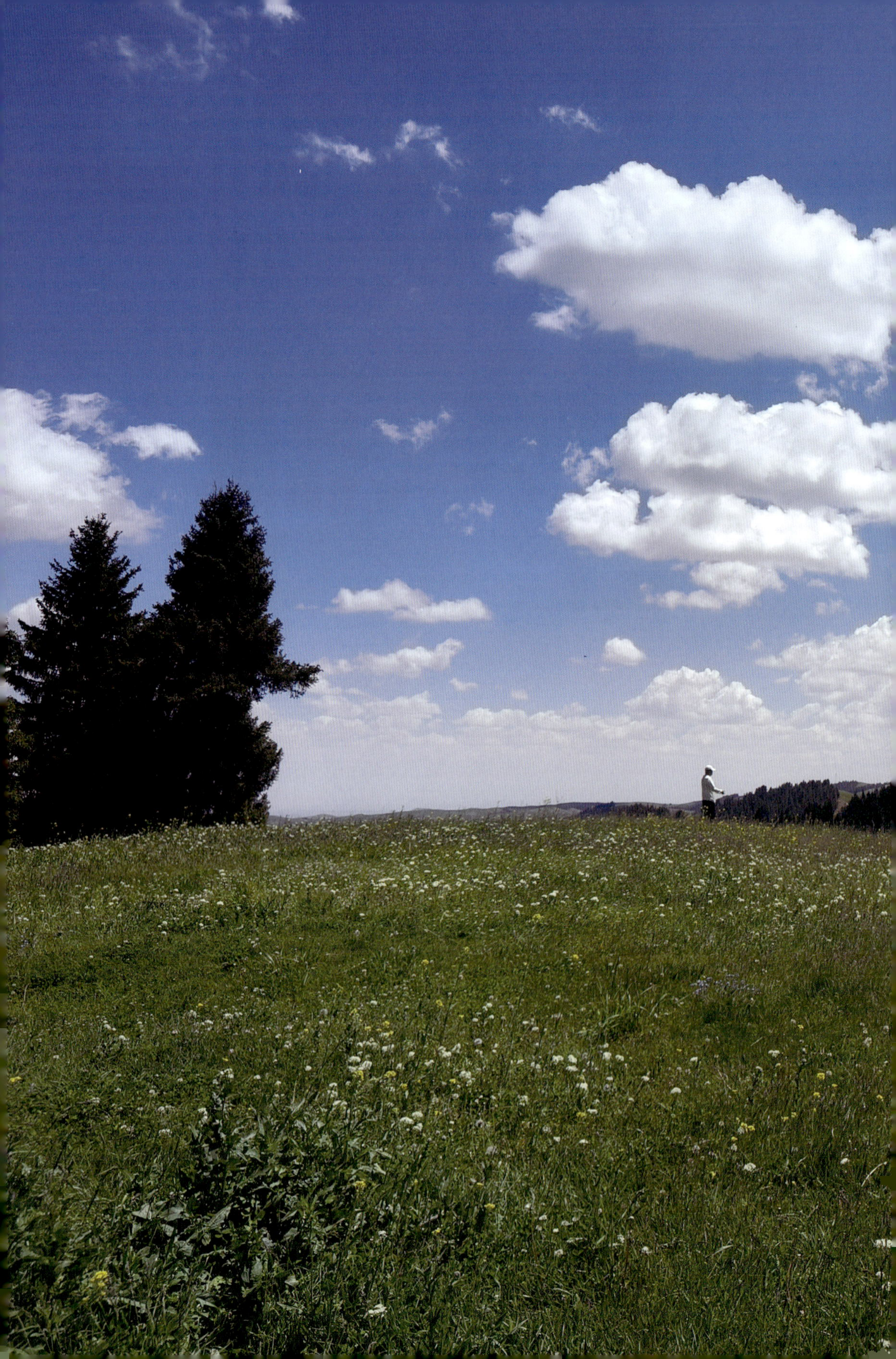

CHAPTER 04

最被太阳宠爱的地方——
木垒

马圈湾

木垒，拥有"中国生态魅力县"的称号。自然风光绝美，历史遗迹众多。距离首府乌鲁木齐278千米。"全域游"畅通，传统村落的改造一再提升，各类精品民宿热情迎客，沿途可品到沙漠文化、丝路文化、草原文化、农耕文化的独特魅力。一次抵达，终生难忘。

世外桃源菜籽沟

菜籽沟，位于木垒哈萨克自治县英格堡乡，距乌鲁木齐260多千米，它是一个保留着原汁原味的文化风貌的传统古村落，被誉为"新疆中华农耕文化的活态博物园"。

曾经，它寥落为一个半空穴村庄，仅剩一百多户已迈入老境的村民。住房院落大多破旧不堪，星星点点地散布于半坡或沟边。这个古村落，看着行将散架，却仍然暗香漫涌，那漫山遍野、接天连地的麦子、胡麻和鹰嘴豆，涂抹出的五彩斑斓每年都如约而至。村民们日出而作，日落而息，在传统的规律中生活，简朴而安静。物质的破败虽令人惋惜，自然和农事却呈现出令人震撼的美，诠释了人与自然和谐相处的文化精髓。

木垒有18条沟，每条沟里都坐落着一个满面沧桑的村落。在传统意义上的旧村庄几乎消失殆尽了的新疆，菜籽沟具有非同凡响的文化价值。

它值得一看，首先是因为它是乡土中国的典型样本，将农耕文化体现得淋漓尽致。这里保留了很多完整的记忆中的旧生活，那些原汁原味的土坯拔廊房，有着精细的木质构建和功能齐备的院落布置，是典型的中国西北传统住宅。

现在的菜籽沟，已经名动天下，蝶变成为乡村旅游的热点地带。"用文学艺术的力量，加入到这个村庄的万物生长"，抱着这份初心入驻菜籽沟的大批艺术家，促成一个传统村庄的蝶变。菜籽沟诞生了新疆首个艺术家村落，并成为中国文学艺术领域所关注的一个小中心。滋养了鲁迅文学奖、茅盾文学奖双奖得主刘

菜籽沟 大地浮雕

■ 带一本书去昌吉

亮程，更为众多画家、诗人、雕塑家、音乐人提供了灵感，被誉为新疆的"世外桃源"。

这里环境清幽，古树参天，很多人慕名前来，参观木垒书院、刘亮程文学馆、国学讲堂、乡村美术馆、艺术家工作室，看看保存完整的清朝时的拔廊房，听听村民演唱的新疆曲子，感受书香气质与农耕文化产生的奇妙混合。

在菜籽沟，可以成为那个望着麦田和雪峰放空心神的人。仰望参天古树，仿佛自己也长高了许多。而那浩瀚天穹上密布的星辰，正是菜籽沟献给你的真挚问候。

菜籽沟村的民宿，是拔廊房的形制，有一定规模和影响的有

美丽的菜籽沟 唐朝／摄

木垒书院

十几家，院落内花香四溢，好吃的农家饭令人难以忘怀。

木垒书院的客房很别致，处处留有主人刘亮程手工打造的痕迹。刘亮程文学馆，占地面积大，环境优雅，能够接待艺术团体活动。

在菜籽沟村的一处陡坡上，有三幅巨大的"大地浮雕"，占地约180亩。这是艺术家王刚的《大地生长》作品，呈现人与自然的共生关系，给人们留下无限的想象空间。

木垒菜籽沟，万物生长，包括艺术、包括精神，包括时代的印迹。它也是大地的艺术，创作者首先是人，就像木垒群山中的那些岩画，只要落下第一笔，其他的交给时间和季节。

七彩油画平顶山

平顶山，山如其名，顶部平坦，坡势平缓，丘陵绵延开去，被很多人形容为一尊从天而降的卧佛。

■带一本书去昌吉

　　如果比高度，它可能会是绝对的输家，但如果比曲线之优美宛转，比身姿如锦似缎的曼妙，比悠久深远的出身，它是名副其实的花魁。

　　这座山的气质，是农家的气质，是田园的气质。

　　平顶山村位于木垒县城照壁山乡，素有"旱地粮仓"美名，

即使遭逢大旱之年，戈壁滩上的庄稼会歉收，平顶山上却照样五谷丰登。这里得天独厚，气候湿润、雨量充沛，土沃泉滋，种植的冬小麦、豌豆、土豆、鹰嘴豆、扁豆、大豆、荞麦、油菜、胡麻、谷子、糜子等农作物的产量和品质在全县处于领先水平。

平顶山是天山木垒中国农业公园的核心景区。在高低起伏的

平顶山 王锡军／摄

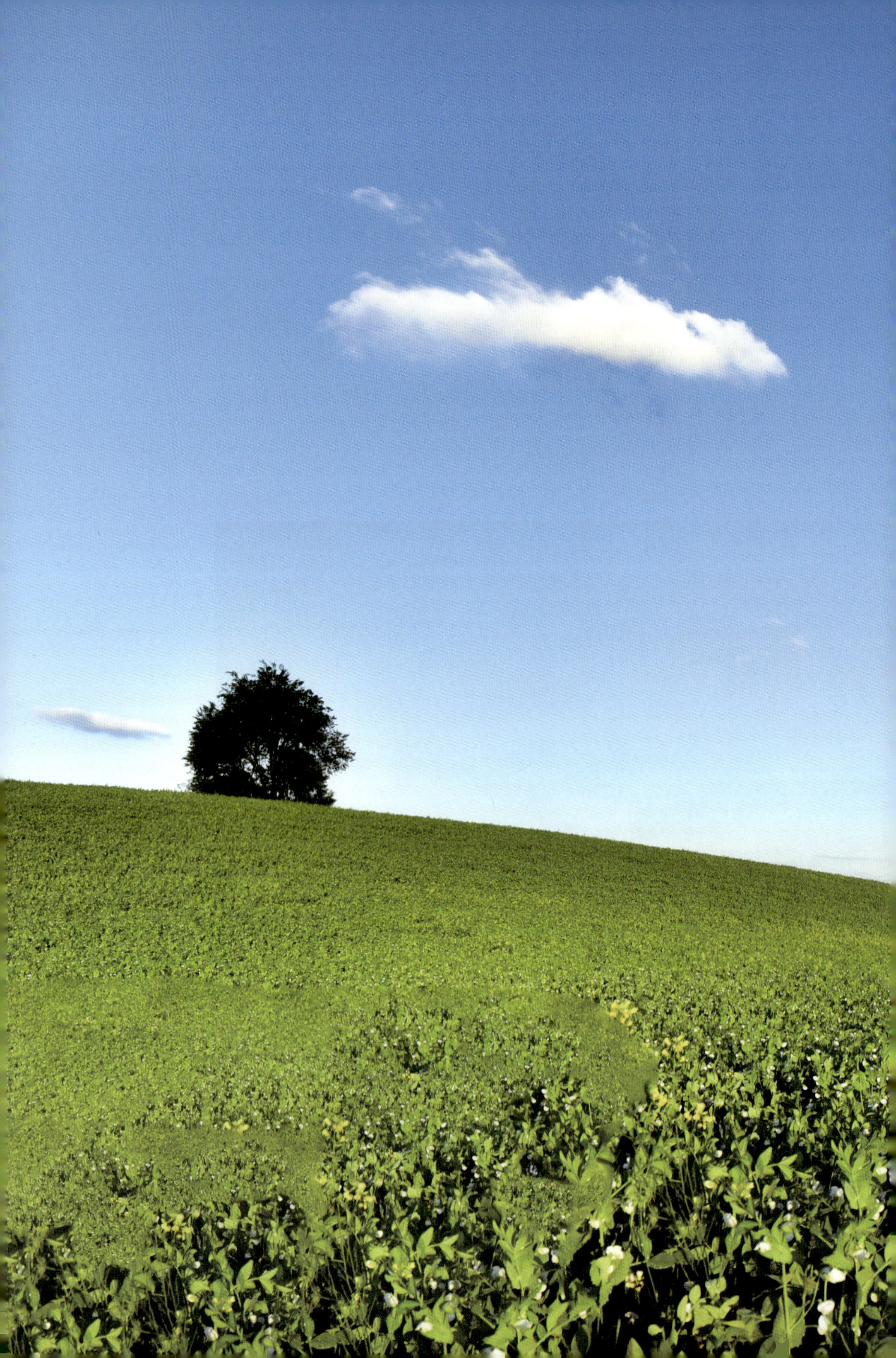

平顶山 王锡军/摄

浅坡丘陵上，七彩斑斓的万亩旱田，如一场天地间年年上演的激情大戏，令人心驰神往。

平顶山拥有万亩旱田，四季绚丽，咏唱着永恒的大地飞歌。无论是早春时节，阡陌相连泛出的丝丝绿意，还是丰收时节田园铺金叠翠的泼辣写意，平顶山全心全意，甚至有些任性地将农业之美生长到极致。行车于这绝美的大地色块之间，心醉神摇，恍然间，便听懂了大地最原始最热烈的语言。

站在平顶山上，仰观湛蓝的天空、洁白的流云，眺望青紫的远山，俯视一幅幅令人惊艳的巨幅水彩画，看彩色的大海潮起潮落，就像走进了永恒，不由自主地融进辽阔和绚烂，并浑然忘我。凡是看过平顶山七彩斑斓的旱田风光的人，无不为之倾倒，预言它将是下一个江布拉克。

这里是自驾者的乐园，是摄影人的天堂。

平缓而跌宕的山势，让人有着谜一般的冲上天路的错觉。当汽车爬上山顶，眼界乍然一开，巨型魔毯般的万亩旱田，华丽丽地从眼前铺到了天边。它们在不同季节、不同光影条件下幻化出的璀璨色彩，也是自然鬼斧神工的多情之笔，

这时候，目光完全不够用，它的丘坡原野如锦似绣的美令人惊叹，令人陶然而醉。

平顶山为什么会如此之美？因为它拥有充沛的水资源。

流量最大的木垒河，从高山峡谷间一路奔涌，到达的第一站就是平顶山。平顶山的泉，出奇的多。它们灿若明镜，星罗棋布地镶嵌在山坳沟谷。沃土良田，奇花野草，千家百姓，得了泉水的滋养，便生得格外好看。喝着平顶山泉水长大的人，在外人面

前,腰杆似乎都要硬气一些。

平顶山,也是早期人类活动的热门地点之一。考古工作者在这里发现了大型石圈墓、石堆墓、石人、精美的岩刻画、居址和细石器遗址。多少人迹隐于岁月,令人遐想万千,而大农业与大游牧文明在这里的交会,又是多么顺理成章。

平顶山是优良的山地草原牧场。成群的羊儿,三五成群的骏马、毛驴、壮牛的身影在草原上款款而动,在游客眼中,又是另一种悠然风情。

这里的民宿性价比很高。吃农家菜,自助烧烤,漫步田间小路,闻泥土、庄稼和野花散发的馨香,参加篝火晚会,与天南海北的游客一同载歌载舞……人生得意须尽欢。

如果不扎营,那就一口气开到宝藏秘境马圈湾。只要拐向另一个路口,入眼的景色便迥然不同。

云上草原马圈湾

马图湾草原在蒙古语中被称为"淖尔",意思为"湖泊",海拔约2300米,面积5万亩,有"云上草原"之称,它是东城镇鸡心梁村的夏牧场,距离木垒县城南30千米,是国家4A级旅游风景区天山木垒中国农业公园内的核心景点,草原文明历史的活态展示。

据学者考证追溯,成吉思汗西征时曾亲临蒲类独山城。他在独山城废墟上重新建城,屯兵驻守,并招民耕种以资助军需。在修城同时，找到了一处适合养马的大草甸。大草甸如一泓绿色湖泊，静静地坐落在高山之巅，因而被称为"淖尔"。

元朝灭亡，马去场空。"淖尔"成为牧民热爱的夏牧场。它为什么又叫马圈湾呢？1729年，岳钟琪将军奏请朝廷，并得到清政府批准，修建了具有战略意义的穆垒城。平定准噶尔部后，清政府在木垒"大开阡陌"，发展农牧业。"淖尔"又成为清军的军马养殖场，直到清同治年间。军马场所在草原四面环山，中间低洼平坦，颇似牲畜圈，被当地人称为"马圈湾"，此名沿用至今。

如诗如画的美景，让马圈湾成为令人向往的旅游胜地。许多人来到这里，只为看最美的绿色，听最好的阿肯弹唱，吃最鲜的羊羔肉，喝最浓的马奶酒。

一片片云杉林绵延相连，宛如一道天然的护栏拱围在绿草如茵的马圈湾草甸四周。山坡上毡房点点，那是牧家乐。走进毡房，要一碗酥油奶茶，和牧民聊聊天，体会一下异域风情，当是来马圈湾旅游的重要乐趣之一。伴山旅游公路建好之后，哈萨克族人半牧半旅游服务，但为了保护草场，牧家乐一年只能开三个月。

马圈湾是草原的集会圣地。每年6月以后，东城镇的大小牧畜都转入马圈湾夏季草场放牧，哈萨克牧民的各种集会，都在这里举行。赛马、摔跤、叼羊、姑娘追、骑马抢布、马上拾银、马上角力等精彩活动让马圈湾变得格外热烈。

6月的马圈湾被人称为仙境，那是因为景区内漫天的花海子，能瞬间击中一颗渴望诗意的心。一到这个野花盛开的季节，朋友圈中关于马圈湾的美文美图便铺天盖地。

最被太阳宠爱的地方——木垒

开车一路向前固然很畅快，但一定要从车上下来。满山秀色，香气横溢，若不任由自己沦陷一次，旅行的乐趣将大打折扣。

勿忘我玲珑婉约，秀色夺人，犹如无数紫色灯笼，照亮了山坡。它的紫色裙装不张扬，不高调，带着点沉静而又神秘的气息，仿佛隐藏着无尽的寓意和故事。它在阳光中一次次地升起来，将

马圈湾玻璃栈道 王锡军/摄

■带一本书去昌吉

最被太阳宠爱的地方——木垒

马圈湾 李天仁 / 摄

马圈湾 李天仁/摄

目光从坡底引向山顶。蒲公英开着比鸡蛋还大的花朵，流光溢彩，将山坡变成了飞扬着金色波浪的梦。还有白色的风铃草、金色的六月菊，浅紫色的老鹳草、蓝色的毛建草，五彩缤纷，点缀在厚绒绒的草甸上，团聚着无限生意。白云在天，飘呀飘，远处云杉一抹系于青山额头。放眼眺望，一面是冰峰雪岭如栏，一面是沃野千里丘陵连绵，在天地一片清旷里，自然馈赠的一切绚丽都化做了疲惫生活的解药。

马圈湾的美是摇曳流动的，每一处转弯，每一面山坡都有着不同的风情。

除了自然风光，娱乐体验也很别致。比如玻璃栈道观景台。用勇气逼退胆怯后，便能体验高居险壑之上的非凡刺激。还有全长 365 米的音乐公路，只要保持时速在 40 千米左右，公路便会唱起歌来。它是新疆，也是西北地区首条音乐公路。

站在终点处的观景台上，越过云杉的肩头，眺望木垒县城，会突然明白烟火可亲的意思。而身后高大的东天山如屏障一样矗立，近得如梦如幻，才猛然发现，自己已于不经意间，站在了天山的掌心。

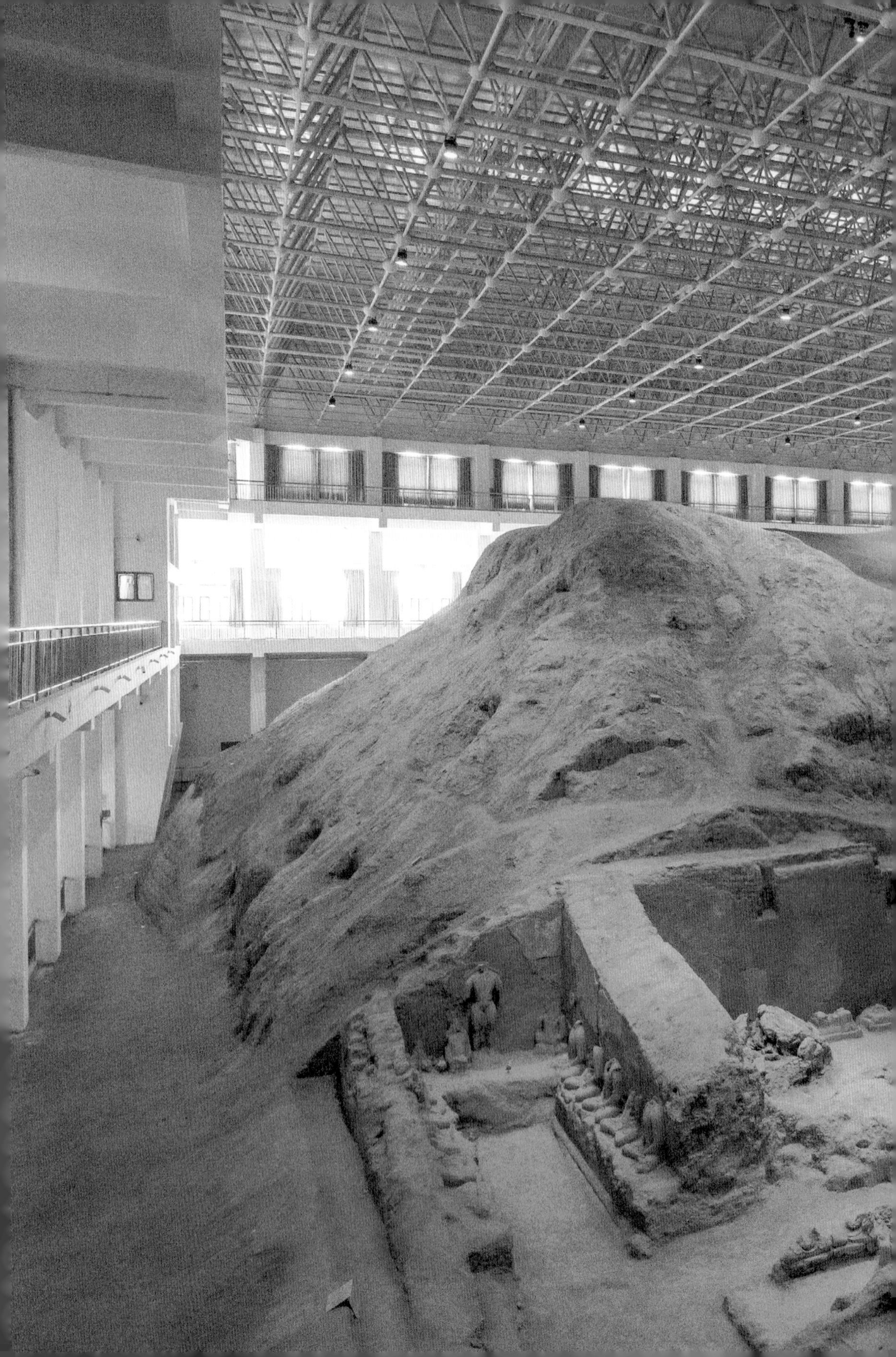

CHAPTER 05

世界文化遗产——
北庭都护府故城遗址

盛唐回声：北庭都护府

翻开雄伟的边塞诗篇，追随唐代诗人岑参的脚步，便能发现一个辽阔多彩的庭州。

唐代之庭州即今吉木萨尔县。702年，武则天为了进一步巩固西北边疆，在庭州设立了北庭都护府，管辖天山以北包括阿尔泰山和巴尔喀什湖以西的广大地区。北庭城，南枕天山通南疆，北隔瀚海望草原，东连草原和中原，西通中亚与西亚。

754年，立志建功绝域的岑参赴北庭节度使处任判官。他用诗人的浪漫之眼与惊奇之眼打量着北庭。"雁塞通盐泽，龙堆接醋沟。孤城天北畔，绝域海西头。"（《北庭作》）在他笔下，肩挑中央王朝管理西域和保障商贸繁荣使命的北庭，倔强、勇毅，气质超迈。在他名闻天下的诗句"忽如一夜春风来，千树万树梨花开"中，北庭的雪花浩荡、奇幻，美醉了世人。在北庭，岑参见到了新疆特有的天山雪莲，他称之为优钵罗花。他对雪莲一见倾心，不禁叹道："尔不生于中土，僻在遐裔，使牡丹价重，芙蓉誉高，惜哉！"若能"移根在庭，媚我公堂"，那该多好。

北庭的辽阔空间和极具电影感的美丽画面，被岑参用诗句记录，令后人有了回望的凭据。

我们脚下踩的每一寸土，都留着历史的余温。沿着天山1号风景道行走，在饱览乡村美景之后，来到北庭都护府遗址，那一段历史仿佛呼啸而来。

北庭都护府是古丝绸之路和新北道上的历史名城，对每一个中国人而言，它都不仅仅是一个重要的地理符号或诗歌意象，它

世界文化遗产——北庭都护府故城遗址

既承载关于大唐盛世的想象，也牵系对于西域风华的眷恋。当一度消失的古城重新回到人们的视野，去吉木萨尔，亲眼看一看故城遗韵，望一望已然倾颓的马面、敌台和角楼城门，从一枚"高昌吉利"钱币中想象丝绸之路新北道贸易之繁荣，便成了再自然不过的选择。

北庭故城遗址目前属国家 4A 级旅游风景区，核心区域占地5000 亩。2014 年被列入《世界遗产名录》。参观北庭故城遗址，分为两步：一故城遗址博物馆，二西大寺遗址博物馆。可自由安排参观顺序。

北庭故城遗址展厅中陈列着大量珍贵的唐宋时期的文物。那些残缺的带着浓郁古意的文物，都是会说话的历史。

一千个游客会有一千个文物触发点。

北庭都护府故城 吉木萨尔县文旅局 / 供图

丝绸之路 北庭故城遗址博物馆 吉木萨尔县文旅局 / 供图

或许有人对正面印着汉字"开元通宝"、背面铸着粟特文的钱币很感兴趣，会遥想一下当时的北庭多民族融合的共生环境。

或许有人会注意到一块砖，上面凹陷着一个完整的手印。看着这样的砖，一边疑惑，一边脑补出许多场景。这叫"手印砖"，是唐代典型的建筑材料。目前学界认为，手印是唐代工匠为自己的产品打上的专属"商标"。

据说纪晓岚根据遗址中发现的大量烟灰，推测北庭古城可能毁于战火。他还细心测量了城墙砖的大小，"厚一尺，阔一尺五六寸，长二尺七八寸"。手印砖要比城墙砖小很多，却特别耐人寻味。

有太多人将生命的印记摁进了丝绸之路中。

有太多人将生命的印记揉进了北庭古城的前世与今生。

这块手印砖，曾在2006年6月我国第一个"文化遗产宣传周"期间，作为文物展出过。当时北庭故城已出土了唐代陶狮、鸡首陶罐、灰陶罐、陶水管、莲花纹方砖、手印砖。这些珍贵文物，将吉木萨尔拥有的悠久历史和丰厚的文化底蕴展现于世人面前。

每一个破城子都不简单

在新疆，人们习惯将汉唐时代腹城遗址叫作破城。全疆各地叫"破城子"的地方不少。"破"意指衰败，"城子"意指城池。破城内建筑早已荡然无存，夯筑的断墙残垣，虽然寸寸矮下去，却倔强地希望被看见。大地上的事物，只要存在过，便会留下痕迹，特别是一座曾经辉煌过的古城。

其实，每一个破城子都不简单。而吉木萨尔人口中的"破城子"正是北庭故城。它更不简单，是目前天山北麓最大、保存最为完整的一处古代城市遗址。"占北庭要塞得北疆沃野"，作为兵家必争之地，北庭先后为唐代庭州和北庭都护府（伊西北庭节度）、高昌回鹘夏都、元代都元帅府和别失八里宣慰司驻地，是唐至宋元时期天山北麓政治、军事和文化中心。元末明初，古城因战事毁于一炬。清朝统一新疆后，又在毁弃的古城南面，重设县治，构成新城，是谓现在的吉木萨尔县城。

建议先坐区间车到西大寺遗址参观。

在经过一片农田后，残墙断壁开始陆续出现，当第一个土墩出现时，不要怀疑，那就是古城的遗迹——一段古城墙。

古城遗迹 吉木萨尔县文旅局 / 供图

　　时光凝固的模样，古城凝固的壮烈，都被一截残垣保留下来。

　　这里的黄土是历史，是秘密，是悲喜，是生长和牺牲……愿意读它的人，不会忽视它的颜色和沉默。

　　当年，古城因战事毁于一炬，唐朝力量从这里退隐。这个一度被遗忘的中国骄傲，几百年间顶着"破城子"的称谓在废墟中静默地呼吸，等待后人的相认。在清乾隆时期完成新疆统一之后，北庭都护府遗址迎来了发现与认定自己的人——清朝的两位大学者。

　　一是清代大学士纪晓岚。为了勘探新兵营的地址，他于乾隆三十五年（1770）农历十二月，到吉木萨尔考察。其间，他意外地发现了一座已经废弃的古城，当地人称之为"护堡子破城子"，

世界文化遗产——北庭都护府故城遗址

这正是北庭故城遗址。故城遗址规模很大，让他大受震撼。这次考察的见闻被他写在了《乌鲁木齐杂诗》和《阅微草堂笔记》中。

二是清代西北史地学开山人徐松。徐松于嘉庆十七年（1812）流放于新疆后，便开始踏勘新疆天山南北的山川地理，完成了《西域水道记》一书。他来到护堡子破城（吉木萨尔）后，对古城进行了详细考证，完整地记录了"唐金满县残碑"的大小、形制及其残存碑文。他的这份原始记录弥足珍贵，揭开了北庭古城遗址之谜。

据《汉书》和《后汉书》记载，"金满城"是汉王朝在车师后王庭所筑重镇，与车师前王庭的"高昌壁"，一南一北雄踞天山南北麓，同为"西域之门户"。北庭（包括金满县），作为一个历史悠久的地名及一个地理实体的指称，在广阔的时空载沉载

古城墙遗址 吉木萨尔县文旅局／供图

浮,却从未被人遗忘。

层叠的黄土之下,是几度夕阳红的过往,被瓦解的,被保存的,长在了一起;挺立的土墙之上,是极目楚天舒的今朝,被建设的,被纪念的,成为一体。

纪晓岚曾作诗云:"雪地冰天水自流,溶溶直泻苇湖头。残冬曾到唐时垒,两派清波绿似油。"

故城虽废,护城河水却流淌不息,一如历史从未断流。

西大寺的佛光

北庭高昌回鹘王家佛寺遗址博物馆,全部的展示就是一座土堆废墟。

巨大土堆下,有坍塌的佛窟,佛窟中坐着佛像残躯。它们如一页历史折痕,令观者心惊。

高昌回鹘佛寺遗址的发现,是偶然中的必然。1979年夏,刚刚复建的中国社科院新疆考古队原计划到南疆选址考古,考古队无意间听说吉木萨尔县发现了精美壁画,便赶往吉木萨尔县考察。让考古队员感到震撼的是,高昌回鹘佛寺遗址矗立于夕照晚晴中,庄严而孤独。

现在,遗址在一个巨大的钢构展厅中被强力保护起来,南北跨度近100米。它在人们的默默打量中,传递出久远文化的回响。

回鹘,原名回纥。《新唐书·高昌传》记载,866年,回鹘集团名叫仆固俊的新首领,率部大败吐蕃大将尚恐热,夺取了西州、北庭、轮台、清镇等要地，建立了高昌回鹘王国，以高昌为首都，北庭为夏都。北庭回鹘王室时期最辉煌的佛教建树就是在北庭故城之西兴建了西寺，即今日俗名回鹘西大寺。太平兴国六年（981），王延德、白勋率领北宋使团出访北庭回鹘政权，留下的记载是佛教仍很隆盛，有佛寺50余区，皆唐朝所赐额，寺中藏有《大藏经》《唐韵》《玉篇》《经音》等。高昌回鹘王国的佛教诗歌主要保存在大英博物馆收藏的《回鹘文诗歌集》、拉赫马提的《吐鲁番突厥文献》等文献中。回鹘佛教戏剧文本《弥勒会见记》于1959年在哈密的一座寺庙遗址中发现，在国内外引起极大的震动，是高昌回鹘王国时代佛教文学的生动表达。

黄土掩埋了北庭故城的风流。

黄土遮蔽了佛寺悠远的钟声。

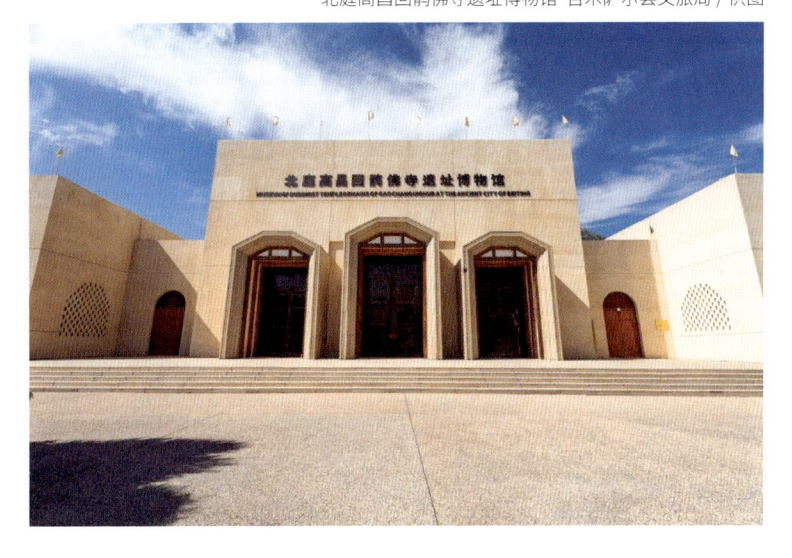

北庭高昌回鹘佛寺遗址博物馆 吉木萨尔县文旅局/供图

■带一本书去昌吉

14世纪中叶，信奉伊斯兰教的东察合台汗国发动宗教战争，强迫高昌地区人民皈依伊斯兰教，佛教全面没落。当人们在废墟之上建立新生活后，所幸，北庭故城的历史痕迹并没有被丢得一干二净。北庭高昌回鹘佛寺遗址，这座天山北麓唯一一处历经唐、宋、元时期的佛寺遗址，通过两次大规模的科学发掘，被证明是一座巨大的文化艺术宝库。每一件出土的文物，都带着生命的感觉，历史的脉动。

出土的1000多平方米精美壁画中，《王子出巡图》堪称传世珍品。洞龛中的交脚菩萨塑像，虽然头部已经损毁，但两腿交叉，脚尖相对，显得活脱，衣褶极富质感，令人印象深刻。一大批陶器、铜铁器、玉石器和彩绘木构件，壁画上回鹘文和汉文题记，生动地讲述着千年前高昌回鹘王国创造的灿烂文化，大大开

王子出巡图（复制）

世界文化遗产——北庭都护府故城遗址

北庭西大寺遗址 王锡军/摄

阔了人们观察认识高昌回鹘文化艺术的眼界。

这些让人惊艳的壁画和佛像雕塑,展现了当年西域地区受佛教影响的状态,更表现了和中原佛教一脉相传的关系。

有一尊佛的全貌被复原出来,仔细凝视,但觉佛宝相庄严,谦和慈悲。望着芸芸众生,也许,佛想说的话都在心里。

隔着一道防护栏杆,所见有限。那惊人的大土堆中还埋藏着些什么呢?

千万别错过设在二楼一角的沉浸式互动漫游体验。站在屏幕前,随着光影的流动,真像走进了西寺。到配殿看一看,到洞龛跟前瞧一瞧,尤其是洞龛顶上的壁画,仿佛伸手可触。这时,才明白为什么人们介绍这些壁画时,会冠以"精美"二字。

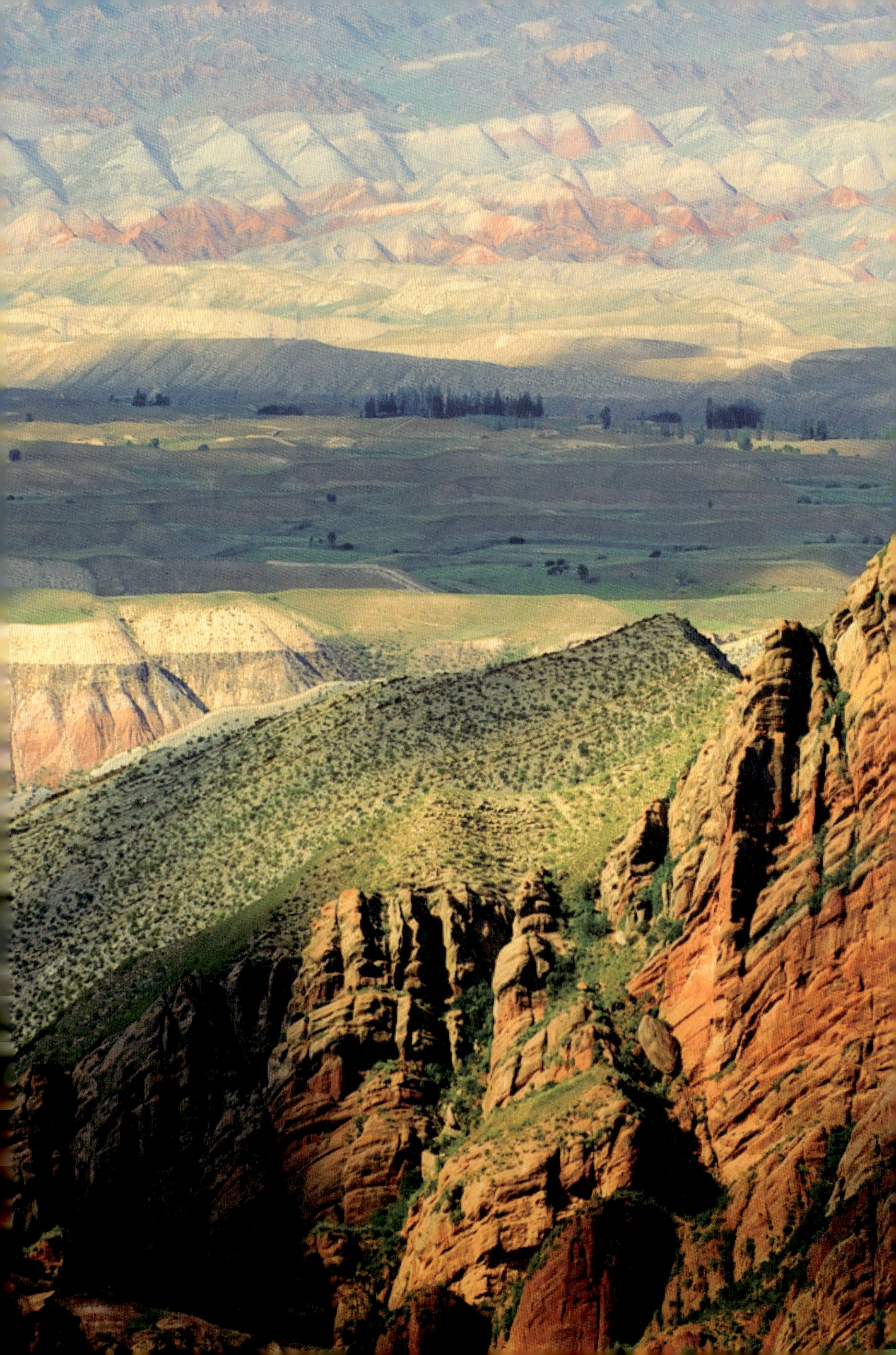

CHAPTER 06

令人惊艳的
康家石门子景区

百里丹霞 呼图壁县文旅局 / 供图

相传清朝康熙年间，有一康姓大户人家，因避祸，隐藏于呼图壁南山地区，并在山里购置草场，贩卖牛羊。久而久之，占据了南山地区的大部分草场、土地，逐渐声名显赫，远近闻名。离康姓人家居住地不远处有一石门，故称"康家石门子"。

这里水草丰茂，气候宜人，景色奇秀，是草原游牧文明的主要发祥地之一。在景区内可远观雪松、山地，近观高山草场、丹霞地貌。

康家石门子景区位于昌吉州呼图壁县的天山腹地，是新疆侏罗纪地质地貌的标志地，是 S101 省道的华彩段落，没有一个自驾者忍心错过它。

塞人的生殖崇拜

在美丽的山谷中，有一座东西走向、坐北朝南的侏罗纪山体，平地拔葱似的，昂首天穹，矗立在古老的大地上。它像一座庞大的宫殿，亦像一道巨大的石门，直抵云霄，气势恢弘，被当地牧民称为"天山上的摩天大厦"。

山体垂直高度 208 米，是侏罗纪晚期丹霞地貌的代表，通体赭红色，山形奇特，层层叠叠，极为美丽，在阳光下，犹显辉煌。

它又是一幅巨大的画布，任由先民纵横才思，拓刻生命激情。被称为"世界上第一个岩石雕刻"的康家石门子岩画，就刻在这座山体南侧的岩壁上。

康家石门子岩画，距今已有 3000 多年，是目前保存最完整的岩石雕刻组,2013年被列为第七批国家级重点文物保护单位。

1987年,岩画由当地牧民发现。它一出现,便震动世人,惊艳了世界。画面东西长14米,上下高9米多,岩画集中部分面积约120平方米。雕刻着二三百个大小不等、姿势各异的男女人像和动物图案。最下层的刻像,距目前地面约2.5米,而最上部的刻像,则距地面高达10米。

刻画离地面有十几米之高,如何攀高?采用什么雕刻工具?这成为当今新疆考古界七大谜团之一。

第一排刻画居岩壁最上方,是一男八女群舞。最高的有2.04米,最小的也和正常成年人同高。最大的人物雕像是男性,脸部

康家石门子

棱角粗犷，肌肉发达。他后面的八个俏丽女性，体形高大，身姿婀娜。她们排成一排，头戴高帽，帽著翎毛，舞蹈动作整齐划一，从右向左逐渐变小，仿佛正从巨大的石崖幕布走出，曼妙鲜活。到第九个人像处，是一个裸体的男性，曲身呈横躺状，用巨大夸张的生殖器指向列队。他的全身被涂成朱红色，形象醒目。

第二排刻画上，是 20 多个大大小小裸体交欢的男女。男性形象既神秘又有澎湃的生命激情，要么拥有三个生殖器，要么胸部刻画着一个人头，要么双头同体。

据学者研究，岩画是 3000 年以前新疆草原先民"塞种人"所作。刻画采用了相当成熟的浅浮雕与阴刻两种技法，所雕人物的面部均面型瘦长，眉弓发育，大眼、高鼻、小嘴，形象秀丽，达到了相当的审美境界。

山岩上的沙葱 王锡军/摄

呼图壁康家石门子岩画，是无比珍贵的历史遗存。对研究原始社会史、原始思维特征、原始巫术与宗教、原始舞蹈、原始雕磨艺术及新疆古代民族史等学科领域，具有重大的科学价值，被称为"雕刻在天山岩壁上原始社会后期的一页文化思想史"。

2017年，经过先进的三维扫描以及微观观察技术，研究人员对采集到的详细数据进行分析，发现康家石门子岩画是经过不同的时间段延续多次刻凿而成。纯粹的舞蹈场面，属于早期题材，主题应是对女性的赞美与崇拜，是女神崇拜思想的表达。生殖崇拜岩画群则形成于第二个时代，且有多次"创作"及各图形的糅合，人物最多，面积最大，由多组画面组成，线条图案精美，主题内蕴明确，反映了先民对繁衍人口以及战胜猛兽威胁，壮大氏族部落的愿望，是古代生殖崇拜的生动样本。

总之，刻画反映了母系社会向父系社会的变迁过程。

康家石门子岩画山体大部分都是由沙粒岩构成，稳定性相对较差，容易风化。正因如此，近年来，呼图壁县文物部门采取了一系列保护措施，有效地缓解了岩画风化的问题。

亿年侏罗纪山脉，千年塞人岩画，从遥远的时间天河而来，顽强对抗着风雨，一如当初在崖壁刻画的先民。

天山侏罗纪百里丹霞

位于呼图壁南部天山的卡拉扎祖山脉，是中国最长的侏罗纪山脉，形成于七千万年前喜马拉雅造山运动。它呈现给世人的绝世奇观——天山侏罗纪百里丹霞，绵延100多千米，全球罕见，是名副其实的"空中画廊"。

丹霞地貌，是以陡崖坡为特征的红层地貌，观赏价值很高。绿色、紫褐色、朱红色、灰绿色、灰白色、淡黄色、棕紫色等砂岩，代表着侏罗纪不同年代，一同构成了壮美雄奇的七彩山色。

万年流水切割出通往大山深处的沟壑，不同发育阶段的丹霞地貌各美其美。幼年期的丹霞常为称为"巷谷""一线天"，壁立千仞，壮硕而悠长；中年期的丹霞，山顶缩小，或堡状残峰，或石墙，或石柱，陡峭挺拔直指苍天，气势恢宏；老年期的丹霞，风流已被风吹雨打去，嶙峋的残峰，突兀的残柱，呈现出残缺之异美，平添悲壮之气。

"丹霞"作为地学术语首次出现，始于1928年。当时中国第一代地质学家冯景兰将构成丹霞山的一套红色岩系命名为"丹霞层"。"丹霞"二字源于魏文帝曹丕的《芙蓉池作诗》。其诗有云，"丹霞夹明月，华星出云间"。"丹霞"指天上的彩霞，其绚丽之色，其锦耀之华，天造地设，确实能生动地描述丹霞地貌的特征。

丹霞地貌主要分布于中国、美国西部、中欧和澳大利亚等地，以中国分布最广，面积最大，发育最典型，类型最齐全，形态最丰富、风景最优美。新疆有着丰富的丹霞旅游资源，典型丹霞地貌分布在呼图壁康家石门子、石梯子和天山神秘大峡谷。

"呼图壁"一词源于蒙语，寓意为吉祥如意的地方。呼图壁是古丝绸之路的重要驿站，这里拥有色彩斑斓、突兀崛起、大气磅礴的丹霞地貌，也许是文明与自然的神奇契合。

令人惊艳的康家石门子景区

每年4月至5月,百里丹霞,一路璀璨,似人间仙境,漫山野花竞放,彩山挂青披翠。深秋时节,树木金黄,草木着彩,与斑斓的丹霞山一同上演色彩的大戏,铺成万里江山图。冬季白雪上场,万物安宁而喜悦,百里丹霞银装素裹,别有风情,衬着晶蓝的天色,雄伟壮观,令人倾倒。

很多人一次又一次地来这里,拍摄丹霞的四季,感受大自然的鬼斧神工。

这里是户外运动、休闲观光、风光摄影、文化体验、科考探险的好去处。"十万大山逐浪走,千层圣殿并云悬;神龟访景先迷路,狮虎守崖何计年。"读着这样的诗句,走上江山多娇、锦

百里丹霞

百里丹霞 呼图壁县文旅局/供图

绣河山等景点的人工步道，观景拍摄，便好像有了参照。

在百里丹霞走一趟，犹如看过一部地质演化史、生命演化史。大自然鬼斧神工、风吹水蚀、精凿细雕而成的奇观，美不胜收。置身于那一幅幅生动的丹霞画卷之中，一千个人就有一千种体验。但有一点相同：想象力空前活跃，却常常感觉词穷，面对千姿百态、雄浑巍峨，在阳光的照射下熠熠生辉、五彩斑斓的山体，内心油然生起对崇高之美的追求和敬仰。

它的美经久不息，极尽奇绝。看它，注定会被震撼，填补旅游体验，会成为这片由时间和光影共同雕琢出的壮丽地貌的永远拥趸。

难怪呼图壁人能自信地说：大美呼图壁，广阔田野，巍峨群山，各种地貌美景层出不穷，没有拥挤的人群，只有绝美的风景。

赤壁天湖——悬崖上的湖

有些词语的内涵，因重大事件或文人歌咏而变得气象恢宏。比如"赤壁"二字。三国英雄掀起"赤壁大战"风云，苏东坡在《赤壁赋》中吟诵"月出于东山之上，徘徊于斗牛之间"，千年来一直激奋人心。

但站在"赤壁天湖"观景台，会发现，自然造化神力之下，"赤壁"自带的雄浑和壮美，超出想象，它不是南方的专属，而是矗立于昌吉大地上的地质奇观。

"赤壁天湖"，被誉为新疆最美的"小天池"，是石门子水

■带一本书去昌吉

令人惊艳的康家石门子景区

赤壁天湖 王锡军 / 摄

库的核心景观——典型的"高峡出平湖"奇景，是雄伟壮观的丹霞山与碧玉湖水的爱恋。此处景致如电影大片中的画面，即使是惊鸿一瞥，也令人难忘。

石门子水库，是呼图壁县重要的水利工程。位于南部山区国防公路 S101 和呼图壁河交点区域，距离县城 50 多千米。水库四周自然景观丰富，有峡谷、红色侏罗纪山体、象形石、大草滩等。水库就建在两条峡谷交会之处。

呼图壁河从大河坝石门子这个险峻的谷口奔腾咆哮流过，巨大的清流，顺着自然冲击而出的河道向北流下，汇集到"赤壁"石门处，被百米级碾压混凝土拱坝围住，辉映蓝天，波平凝碧，形成"高峡出平湖"奇景，此谓"天湖"。它是人类的智慧展示。

"赤壁"即是水库两侧陡峭高峻的赤红石壁，是典型丹霞地貌，红色侏罗纪山体。远远看，两侧"赤壁"如刀削斧劈的巨大石门，鬼斧神工，使其看起来格外雄伟壮观。它是大自然的馈赠。

"赤壁天湖"是自然与人力的拥抱与合作，碧绿的湖水以柔情呼应着红色山峰的伟岸，共同谱写出一首山水交响曲，有声有色，跃动着梦幻的色彩，令人陶醉。

赤壁天湖

　　四季将不同的风景交付与它，它总能令每一个来到此处游春踏青、徒步露营、拍摄美景的人不知不觉地沦陷。

　　入冬之际，冰尚未冻透，湖面上已铺上晶莹的白，而靠近山崖的水却是渐变的蓝色，清雅而灵动。它为洁白如玉的冰镶上了一道蓝边，二者辉映，美得难以言喻。待到冰雪封冻，积雪覆盖下的湖面圣洁唯美。初春时节，地气升腾，白雪褪去，蓝绿色的冰面和侏罗纪红色组成了新鲜的色彩搭配，悦目宁静。盛夏时的赤壁天湖，是天空之镜，一抹翡翠绿在山谷间穿行，能融化任何挑剔的心。秋天，适合登高望远。红的丹霞，白的沙滩，绿的湖水，蜿蜒的路桥，染金的植物，眼中的画面绚烂而辽阔。而赤壁的红并未稀释在天湖的水里，天湖的宝蓝浓稠得可以融化星光。

　　S101百里丹霞道之所以气象万千，充满灵气，是因为镶嵌着三颗璀璨明珠——赤壁天湖、肯斯瓦特水库、凤凰湖。

　　红山与碧水，谈着一场生死契阔的爱恋，双方因而都美到了极致。

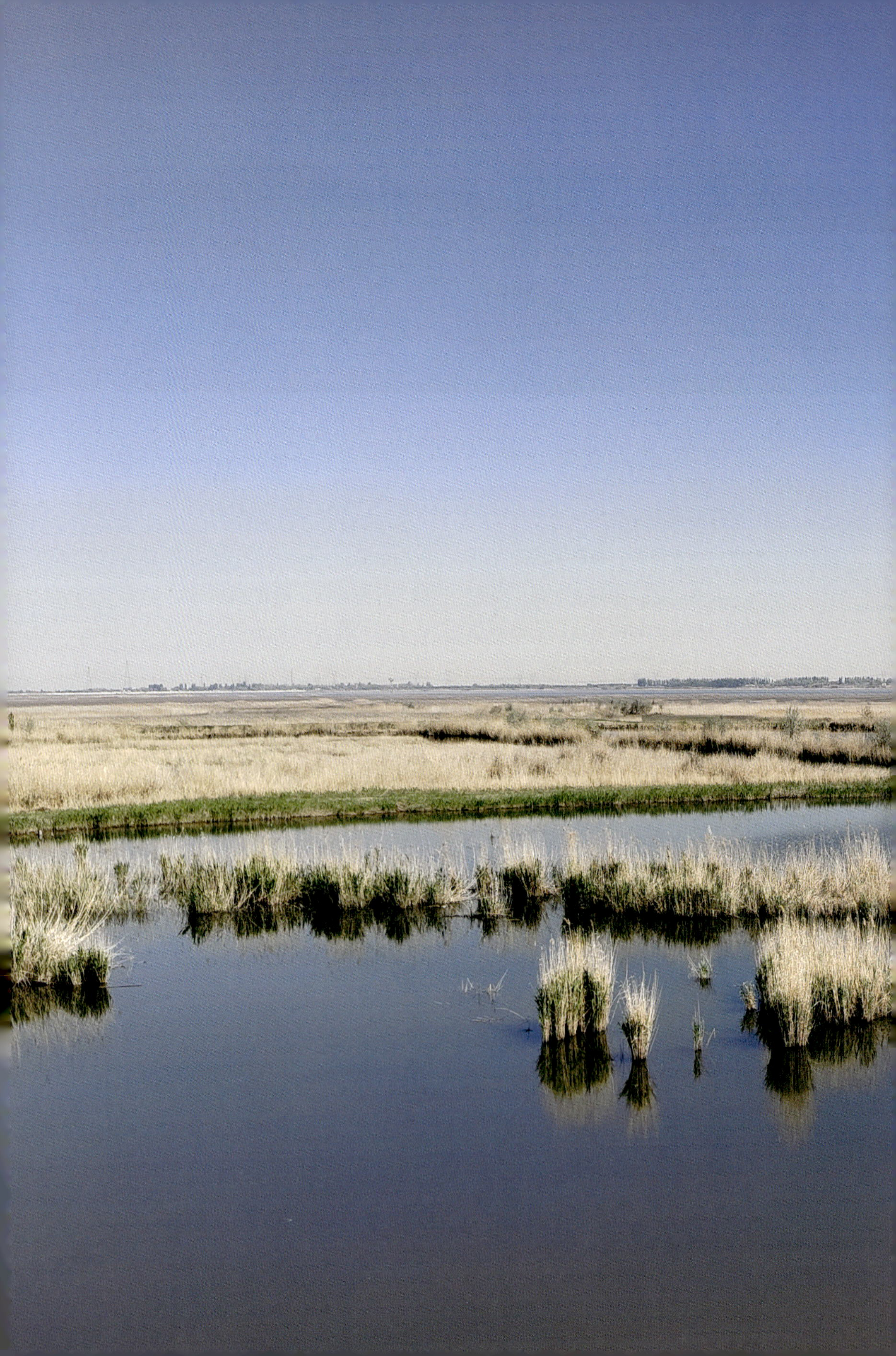

CHAPTER 07

天山北坡唯一的天然湿地——
玛纳斯国家湿地公园

玛纳斯湿地公园

■带一本书去昌吉

世界候鸟迁徙三号线

新疆现有鸟类490余种，约占全国鸟类种数的三分之一，是因为鸟儿的迁徙路线刚好贯穿新疆。而玛纳斯国家湿地公园，刚好位于世界著名的候鸟迁徙3号线上。它是候鸟飞越天山的"能量补充站"。

飞越万水千山，飞在高天之下，利用翅膀的尖羽感受着轻微的气流，它们结伴而行，是亲密的一家人。白鹭是奔着湿地来的，天鹅是奔着湿地来的，黑鹳也是奔着湿地来的，成千上万只鸟儿都是奔着湿地来的。

湿地内，水域广阔、滩涂广袤、池塘众多、水草丰茂。每到春秋两季，这里就成了鸟儿们的梦幻家园。

它们在这里觅食、栖息、繁殖，尽情享受这片美丽的湿地。随风飘动的芦苇荡里，水鸟如织，它们或临水照影，或水中游弋，或翩跹起舞，或展翅飞翔，这些大自然的使者，这些见过大世面的精灵，向人们展示着生命的活力和自由，令人领略到世上生灵的美好和多彩。鸟儿们是最长情的过客，也是湿地最受期待的嘉宾，它们总是将季节点染得生动缤纷，将一幅美丽的生态画卷写进游客的记忆。

在地图上，一条县级公路将玛纳斯国家湿地公园分为两部分。这片湿地被标注成大海的颜色，面积庞大，仿佛在具象地展示它作为"天山北坡之肾"的力量。

自2010年通过退耕还湿、退牧还湿、退塘还湿，玛纳斯湿地公园的环境持续得到改善，面积扩大到68平方千米，湿地也

天山北坡唯一的天然湿地——玛纳斯国家湿地公园

展现出越来越强大的生态净化功能，为候鸟营造了优美的生态系统和安全的栖息环境，候鸟从以前的几千只增加到现在的数万只。其生态效应覆盖乌昌城市群和石河子、奎屯、独山子等市区。

在候鸟迁徙的高峰期，玛纳斯县农业农村局会投放几十万尾草鱼、鲤鱼、鲢鱼等各种鱼苗，不仅涵养了水源，增强水域食物链的多样性，也促进了水生态环境良性循环，为候鸟安全地栖息、繁殖、迁徙创造了良好条件。

南迁的鱼鸥、白鹭、野鸭、大雁、鸬鹚、鱼鸥等候鸟在湿地公园养精蓄锐，补充体能，停留到 11 月中旬后，又陆续飞到南方。春暖花开之际，它们又回到这里繁殖。每年的 10 月，随着栖息的候鸟数量达到高峰，玛纳斯国家湿地公园变成了百鸟的天堂。

陨石在浩瀚的宇宙间旅行，璀璨的夜空里漫天的水晶，在湿地蓝色的夜晚倾听鸟群的声音，无疑是赏心乐事一桩。

群鸟云集 刘新民／摄

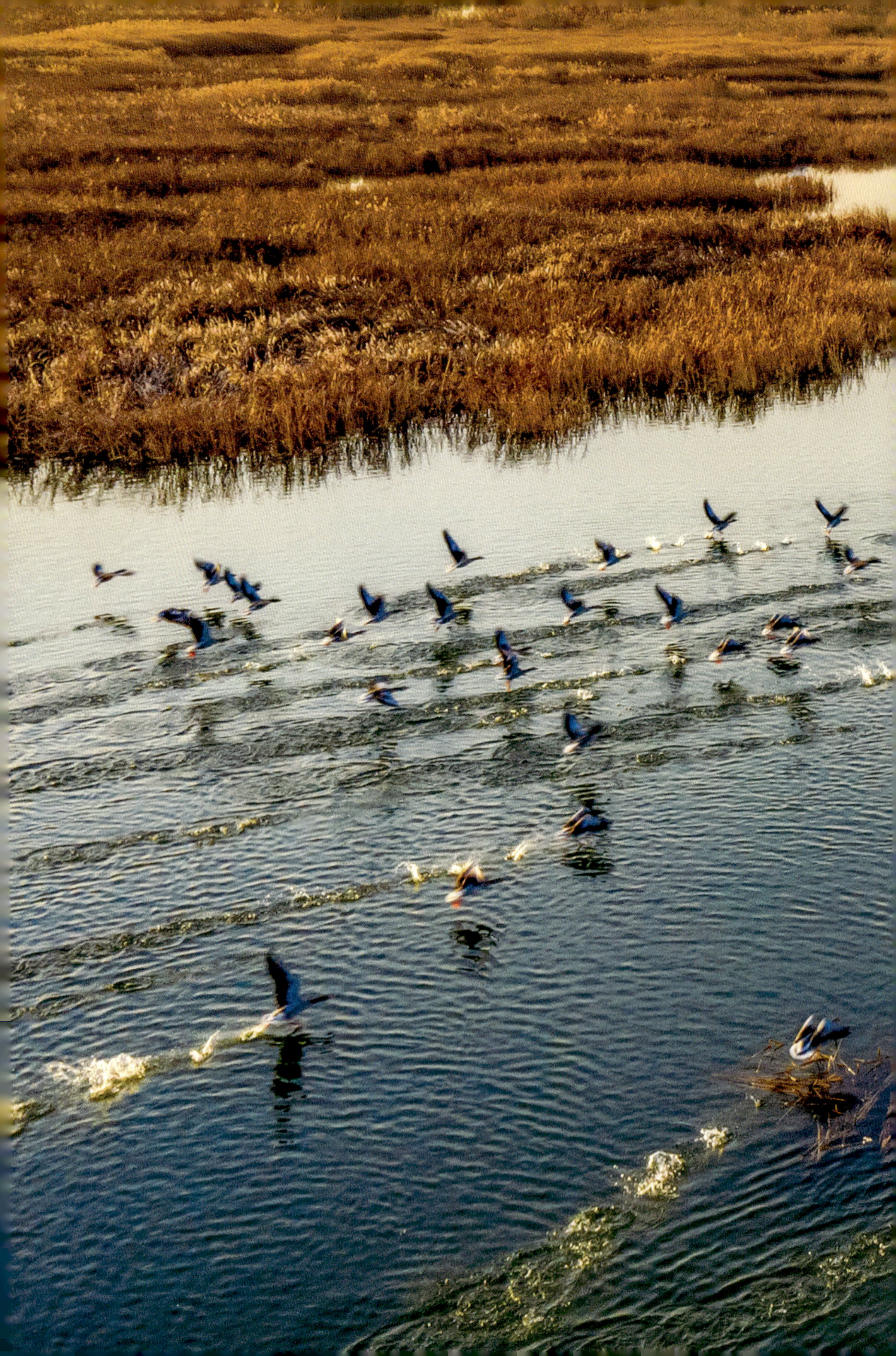

玛纳斯湿地 丁玉礼/摄

在这里，可以看到卷羽鹈鹕、黑鹳、金雕，白尾海雕等国家一级保护动物，大天鹅、灰鹤、赤麻鸭等近50种国家二级保护动物更是常客。

在湿地，天鹅有一块领地叫"天鹅缘"。越来越多的白天鹅选择在湿地公园过冬，数量达到近千只。它们悠闲戏水，鸣声温柔，姿态优美，若水中仙子。2023年春，对繁育环境要求极为严格的野生天鹅，竟然在湿地公园自然繁殖，生出了五个天鹅宝宝。这在国内是一个罕见纪录。通常，它们会到巴音布鲁克、额尔齐斯河流域，或者北极、西伯利亚去繁殖。

冬季到"天鹅缘"看天鹅的人越来越多。如果气温骤然下降，天鹅觅食空间缩小，便会有无数人为它们担心。这时，湿地管护员在冰面上特设木质食槽，每天进行人工投食来确保大天鹅顺利越冬。

玛纳斯国家湿地公园自西向东由植物园、天鹅缘、雁飞台、小海子跳鱼岛等景区组成。它的壮丽景色和丰富生态，等待着每一个向往美好的人前来欣赏。

八家户村——天鹅湖畔美丽村庄

一个被人追捧的村庄，它的美从来都不是单一的。

"赏风光、观候鸟、品美食、摘果蔬、钓鲜鱼、住民宿、留乡愁"，这七大文旅产业特色，属于玛纳斯县兰州湾镇的八家户村。

八家户村处于玛纳斯国家湿地公园核心区，坐落于天鹅湖畔，

天山北坡唯一的天然湿地——玛纳斯国家湿地公园

八家户村

是游人观候鸟的必经之地，水资源丰富，是名副其实的湿地水乡。

而天鹅湖畔人家，没有任何杂念地爱惜湿地，爱惜阳光，爱惜自己的村庄。流连于乡村美景的游人，则毫不吝啬地释放欢声笑语，让小桥流水也忍不住从云端收回目光。

八家户村2019年被评为"中国美丽休闲乡村""全国乡村治理示范村"。它不光有"颜值"，还有"气质"，如世外桃源，成为各地游客的打卡地。

一排排徽派农家院落，清雅庄重，望之而内心祥和；鲜花盛开的庭院，干净整洁，观之而心生春色。更别说房前屋后的苹果树、杏树、白蜡树和云杉，古朴的水车、五彩的墙绘、景观渠、小游园，它们都传递着属于乡村的忠厚气息和清洁品质。

几年前，八家户村还像旧时光里的长途跋涉者，一身疲态，神情淡漠。那破旧的房屋，泥泞的巷道，让人看了都摇头。经过人居环境整治，八家户村除旧布新，家家户户都用上了水冲式厕所。它容光焕发，开启了"美颜模式"。村里处处见绿，芳香四溢，从春到秋花开不断。

八家户村本就是鸟儿的天堂，村庄越来越绿，清风欢呼着吹送布谷、麻雀、百灵、乌鸦、鹌鹑、鸽子、燕子奔走相告的消息，一起守护农人们用勤劳双手捧起的田园诗意。

八家户村水资源丰富，拥有天然泉眼和十几座鱼塘，是个水意淋漓、空气清润的村庄。

夏秋两季，八家户村就是梦里水乡。全县最大的荷花塘中，映日荷花别样红，游人处处。泛舟赏荷，拍照嬉笑，留下妩媚、生动的瞬间；闻香观鱼，看鱼戏莲叶东，鱼戏莲叶北，乐趣无穷；

上岸后，买一朵荷花、几个莲蓬、几斤白嫩的藕打包带走，亦带回了农户真诚朴实的笑容。

垂钓园里，笑语喧哗，那是游客钓上螃蟹或上船捕鱼时的热闹。带着战利品，呼朋引伴去渔家乐，安排一顿全鱼宴，大快朵颐，做一个不负美景与美食的快乐之人，不亦乐乎？

一到假期，农家大院里，歌舞飞扬，人声鼎沸，空气中弥漫着各种美食的香气。有人夸赞这里的大锅抓饭好吃到出乎想象，烤肉香得没有对手。

想体验田园生活，寻找乡村记忆，不妨蹲下身子，和蔬菜、瓜果来个亲密接触，感受一下农民的庭院经济。庭院中，房前屋

嬉戏

后，一畦畦生机盎然的蔬菜如诗行佳句，沁人心脾。亲手摘下一个番茄、一个辣椒、一个茄子、一根黄瓜，摘下枝头的紫葡萄、海棠果，内心仿佛被照亮，如啜生活甜蜜。

八家户村的夜晚很浪漫，那些留住民宿的人，才知道隐隐荷香和灿烂星空，只是它的一部分美丽。

小李庄——"军垦第一庄"

小李庄军垦旧址位于玛纳斯河东岸的冲积层高台上，属于玛纳斯县兰州湾乡，距玛纳斯县城15千米，是国家级重点文物保护单位，全国目前军垦旧址保存唯一完好的一处苏俄农庄式兵团师部建筑群。

军垦历史选择了小李庄，让这个普通小村庄蜕变为戈壁荒原上一颗耀眼的明珠，有了"军垦第一庄"之美名。

小李庄始建于1953年，曾是中国人民解放军新疆军区（新疆生产建设兵团）农十师师部和三十团团部所在地，玛河东岸军垦拓荒事业的指挥中枢和政治、经济、文化、教育中心。

20世纪50年代，玛纳斯河东岸沼泽遍布，芦苇丛生。当地老百姓都习惯称这里为"苇湖"。1952年春，新疆军区后勤部运输部响应毛主席"屯垦戍边"的号召，在玛河之东拉开军垦序幕，有文字记载了当年的开荒情景：

进入沼泽地开荒的战士们踏入没膝的沼泽和苇湖，挥动着扇

天山北坡唯一的天然湿地——玛纳斯国家湿地公园

镰割砍粗如手指的芦苇,再把割倒的芦苇捆成捆背出去用于工地建设。苇湖里,蚊虫肆虐,战士们的脸上、身上、手臂上被蚊虫叮咬出成片的"包",又痒又疼。为了防止蚊虫叮咬,战士们在进入苇湖前,先在脸部、脖颈、胳膊上涂抹上一层厚厚的泥浆。手臂和腿时常被芦苇茬子划伤、戳伤,战士们就用臭黑泥涂抹伤口,继续干下去。

这段文字带领读者穿越时空,回到了那个艰苦创业的年代。

小李庄军垦旧址

■ 带一本书去昌吉

当时苇湖周边的土地因盐碱和干旱而板结,战士们就挥起坎土曼、镢头又挖又刨,用"二牛抬杠"土犁翻地。最终在一年时间里突击开荒9400亩,创造了人间奇迹。他们还修建了几个水库,彻底将荒原变成了绿洲,汗水和南泥湾精神书写了玛纳斯河流域屯垦史的光荣一页。

小李庄的建设也极为快速,这个军民生活基地,拥有工程建筑大队、被服厂、面粉加工厂、供销合作社、学校、机械厂、砖厂、医院、银行、邮局等20多个单位,居住人口达7000多人。

小李庄军垦旧址红柳

部队在营区内外植树造林，种果园，将土路铺设成砂石路，并将砂石路铺往各村，还通了车。附近的农民赶着马车、毛驴车，拉着农产品到小李庄交易，然后买回日用品。俱乐部一放电影，周围的村民全都赶来看。夜晚时分，周边都陷入黑暗，小李庄却因有电而灯火辉煌。当地群众都称小李庄为"小北京"。小李庄同时是一个"教育基地"，注重人才培养与输送。

如今，军垦已成为新疆繁荣稳定的基石。在完成了历史使命之后，随着1989年最后驻防部队的撤离，小李庄逐渐荒废。直到2013年，"小李庄"旧址进入修复期，又担当起新的历史使命，现在已成为一个集红色旅游、国防军垦教育基地和休闲度假为一体的区域旅游中心。

进入军营参观的人，都喜欢站在那个威武的苏式大礼堂前留影。门庭上方有五颗红色五角星，红五星下边写着"1953"。这就是当年小李庄最热闹的地方——俱乐部。南边院墙外有地窝子遗址，装满了军垦战士艰辛却充满激情的创业往事。

"小李庄军垦旧址"的路碑立在乡间公路旁，它身前身后的良田诠释着它走过的深厚岁月。看到这路碑，离湿地公园也就不远了。小李庄，这块红色军垦活化石，也是兵团人艰苦创业不朽的精神丰碑，它告诉人们，只有伟大的精神能与日月同辉。

CHAPTER 08

史前地质博物馆——
准噶尔盆地

准噶尔盆地 林晓麟/摄

辽阔的准噶尔盆地，面积 38 万平方千米，位列我国第二大盆地。这片盆地上古生代地壳运动的痕迹随处可见，因此被誉为"史前地质博物馆"。硅化木群、魔鬼城、恐龙谷、石钱滩等史前景观，以及距今亿年以上的海底火山口遗迹，都散发出神秘的远古信息，充满奇幻色彩。盆地中央是中国第二大沙漠古尔班通古特沙漠，而在这片沙漠之下，蕴藏着丰富的石油资源。总之，准噶尔盆地是一部流动的史书，见证了地球亿万年的变迁。

创造生命奇迹的新疆野马繁殖研究中心

当你掏出钥匙打开家门的时候，玛纳斯河最后一段细流正消失于古尔班通古特沙漠中；当你坐在沙发上喝下一口茶时，一群蒙古野驴正奔跑如电；当你犹豫着要不要出发的时候，彩色山丘正被阳光镀得玲珑剔透。

风景并不遥不可及，只要心生向往，即可启程前往。

在昌吉，除了欣赏壮丽的雪山、清澈的海子、浩瀚的沙漠和庄重的古迹，还有一个不可或缺的亮点——观赏普氏野马。普氏野马是拥有 6000 万年进化史的活化石，是当今地球上唯一幸存的野生马种，目前全世界仅存 2400 余匹，是国家一级保护动物。

新疆野马繁殖研究中心设在距卡拉麦里 60 千米的吉木萨尔县、奇台三台镇西地村的沙漠南部，经营面积 9000 亩，负责野马重新引入、繁殖和野放研究。

经过"卡拉麦里山有蹄类野生动物保护区"时，不光能看到蒙古野驴和鹅喉羚（黄羊）奔腾的身影，有时也能看到比大熊猫还珍稀的动物——普氏野马。它们性机警，善奔跑，一般由强壮雄马为首领结成5至20匹马群，过着游移生活。

这些野马，是经过几十年艰苦培育，放野于准噶尔盆地的自由精灵。它们也被称为准噶尔野马，因为准噶尔盆地是它的原生地和故乡。

普氏野马已经成为中国自然保护和生态文明的象征，是新疆的一张名片。由于被大肆捕杀，普氏野马曾在中国彻底绝迹。

之所以叫普氏野马，是因为1876年俄国探险家普尔热瓦尔斯基在准噶尔盆地猎杀了9匹野马，剥下马皮带回俄国，引起轰动，并导致其他欧洲猎杀者来到新疆，围捕了大量野马驹带回国内放养。在此之前，人们以为野马已经灭绝，而探险家的捕杀被视为一种新发现，野马便以他的姓来命名。

为了拯救普氏野马，1985年，我国启动了"野马返乡计划"，陆续从欧美国家引回24匹野马，建立了新疆野马繁殖研究中心。几代野马保护者持续努力，创造性地突破了人工繁殖难题并重建了野外种群。当年为了保证栖息地，卡拉麦里山自然保护区内的近300口油井被拆除，环境修复面积达35万平方米。

野马被分批次放归野外。如今，野马已经适应了自然环境，摆脱了灭绝的危机。新疆野马繁殖研究中心成为世界上野马数量最多的野马繁殖基地，野马种群总数约占世界普氏野马总数的三分之一。野马成为中国物种重新引入最成功的典范。当然，普氏野马的拯救工作还任重道远。

野马体型骨骼短小粗壮，额毛少，鬃毛短而直立，性情凶悍，

■带一本书去昌吉

野马 张赫凡/摄

驰骋如飞，后蹄强劲有力，可致狼于死地，能抵御恶劣的自然环境。一想到准噶尔盆地的荒芜，人们便不禁为野马的生存担忧。可它们的最大特点就是能够在荒漠戈壁这种恶劣的环境下生存，与骆驼一样，拥有超高的耐旱能力，低温和暴风雪这种极端天气根本吓不住它们。它们抵抗疾病能力强，活动范围大，以芨芨草、梭梭、芦苇、红柳等为食，冬天能刨开积雪觅食枯草。

研究中心的核心区域是一片辽阔的饲养区，面积达220余亩。当这里的野马在夕阳下悠闲地散步时，另一拨野马奔走在卡拉麦里的旷野，高扬着野性与自由，路的尽头是它们生命的传奇。

观赏野马，了解野马，还可以认领一匹野马。有时候，为情怀和悲悯买单，并非为了自我感动，而是出于对生命的尊重、对自然的敬畏。

红到极致的火烧山

穿越浩瀚的将军戈壁，在那一望无际的敞亮中，若说期待，从来都不会是繁花似锦，小桥流水，炊烟绿荫，除了人迹创造的美丽家园，戈壁本身的辽阔、苍茫、原始、粗犷、荒寂，恰恰具有极致的诱惑。

与其说有了视觉疲劳，不如说因荒寂的绵延而被震撼得麻木与敬畏。但是穿越是值得的，因为它除了火星般的神秘，更有出乎意外的绚丽。

在吉木萨尔县卡拉麦里山自然保护区五彩湾景区内，紧挨

216国道边，有一片如烈焰腾空的耀眼红色山丘，或突兀独立，或扎堆成群，不经意间迎头撞上，感觉很奇妙。

它就是火烧山，是一处较为典型的雅丹地貌景观旅游地，距离乌鲁木齐220千米。以北疆喀纳斯为目的地的游客，记挂着它的名字，只为相遇而不错过。虽然只是途经它的美丽，但一见之后便再也难以忘怀。自从开发了火烧山油田，火烧山便声名远播，引得众多游客慕名前来。

五彩湾火烧山面积10平方千米，从卫星地图上看，它像一片巨型枫叶铺在将军戈壁之上。它的西面是火烧山油田，东面是五彩湾煤矿。

那一团红彤彤的火烧山是风景，铅灰色的火烧山油田是风景，那几团黑乎乎的煤矿亦是风景。神奇的准噶尔盆地，是一个大型聚宝盆，有丰富的石油储量，更有世界罕见的矿藏达3900亿吨的巨型煤田。它们并行而立，即是这片土地摊开的前世今生。

地质专家指出，五彩湾火烧山是一个古老的火山系统，形成于遥远的地质年代。它之所以能够在五彩湾呈现，是由于当地煤炭赋存状态、地质构造、岩石成分及地形地貌诸多条件共同塑造。五彩湾火烧山正坐落在巨厚的准东煤田之上（最厚达80米），地表为山包散落的丘陵地形，地层无破裂较完整，成分较为单一，下伏的煤层又大面积均匀燃烧（燃烧深度约100米），形成对上覆岩石地层稳定、持续的烘烤。地层中以铁为主的元素在高温下渐渐氧化，最终呈现出以红色为主的色彩，成为一处奇丽的自然奇观。

火烧山在全国有两处，一处位于黑龙江，是火山形成的地貌，而五彩湾火烧山，是因山体颜色而得名。数百个大小不一的红色山包，高度多在20到30米之间，山顶呈平滑圆弧状，像烧红的大锅扣在地上。它们层叠远去，煞是壮观，红得热烈、红得饱满，红得无所顾忌、红得令人兴奋，惊艳了登高遥望的眼眸。

晨昏是这些山丘最美的时刻，阳光将一切映照得熠熠生辉。朝阳中，红色山丘上被镀上一层金黄，夕阳将落，云霞璀璨，山丘红得像燃烧的炭火，令人陶醉。

天上地下，红成一片。仿佛置身一部科幻大片中，全身散发着奇异的红色，不由浮想联翩……画家们用红色来表达激情、力量和生命力。当观众感受到强烈的视觉冲击时，内心蛰伏的热情似乎被唤醒，并滋生勇气和决心。而在夜里，它是埋在将军戈壁心口的那颗朱砂，和月色一样坚定。

火烧山 王锡军/摄

■带一本书去昌吉

准噶尔盆地 林晓麟/摄

史前地质博物馆——准噶尔盆地

金秋季节的五彩湾火烧山，成了一片红海，山谷间，野草山花也在热烈燃烧。那叫猪毛菜的植物，每枝花茎上都缀着累累红色花蕾，一丛花开无数，每一朵如星星，如石榴籽，晶莹剔透，热烈奔放，活得顶天立地。

道别这片红色的激情土地，再走40多分钟，是天上五彩城景区。它用五彩斑斓和奇幻向来者问好，并献上令人难忘的视觉大餐。

来自七亿年前的古海温泉

1982年，新疆石油管理局进行石油勘探，当时油井命名为"沙南一号"，可钻头打至地层深处2200米时，未见乌黑的原油，却见一股清澈的泉水喷涌而出。打井队自然失望无比，可谁也没有想到，吉木萨尔县的五彩湾，从此拥有了一个地处沙漠、由古海相沉积水自喷形成的温泉。

在古尔班通古特沙漠上，打出一个温泉，让人感觉不可思议。仔细想来，却合情合理。因为浩瀚神秘的盆地沙漠戈壁，蕴藏着太多宝藏，总在不经意间捧出一个美丽的意外。遥远的地质年代，一次剧烈的地壳运动将一个古海夹在两个岩层之间，而今，古海以温泉的形式面世，确实神奇。

唯一性是一种珍贵的属性。比之唯一古董的天价，比之一轮太阳的永恒光辉，古海温泉顶着"中国唯一古海温泉"之名，却十分质朴，接地气，绝非高不可攀。

最先受益的是当地那些有老寒腿的牧民，他们经常浸泡之后，关节炎和痛风等疾病竟然痊愈了。于是，人们以为"神泉"出世，口口相传，引来无数慕名者。

中国温泉文化源远流长，温泉在秦始皇时期叫"骊山汤"，被北魏人赞为"自然之经方，天地方元医"（元苌《温泉颂》），是唐朝皇帝和妃嫔日常养生取乐之所，有诗云："春寒赐浴华清池，温泉水滑洗凝脂"（白居易《长恨歌》）。

根据中科院水质鉴定所分析确定，古海温泉是7亿年前古海沉积水，为优质医疗矿泉水，水中富含多种人体必需的微量元素，对动脉硬化、关节炎、痛风及各种皮肤病有较好疗效。

古海温泉景区坐落在古尔班通古特沙漠腹地，地属昌吉州吉木萨尔县准东经济技术开发区五彩湾镇，紧临五大高速和216国道，距乌鲁木齐市190千米，距天山天池160千米，是去往阿

古海温泉景区

带一本书去昌吉

勒泰各景区的一个重要的游客集散地和中转站。

它是一个集温泉疗养、酒店住宿、餐饮及其他衍生服务项目为一体的多功能旅游度假区，设施卓越，环境雅致。区内设有23个泡池与露天泳池，另有两座石板浴房，可同时接待逾300位宾客，也是冬泳爱好者的热门打卡之地。古海温泉生态酒店A区拥有100间客房，规格多样，热带植物环绕，配备多功能会议厅。B区则以环形四合院为特色，院内泡池七处，是自游行、品质游的首选。此外，多功能餐厅可容纳300余人，主打地道新疆美食。

五彩湾古海温泉出水口温度达75℃，冬天理疗池温度约40℃，它是一家可以在零下40℃气温下露天泡温泉的大漠游玩场地，全世界也找不出第二家。无论哪个季节来到温泉，将自己交给那一池清澈的7亿年前的古海沉积水，都是一件美妙的事情。人人都希望被这个世界温柔以待，实际上，送自己一池温暖的水，

五彩湾古海温泉

送自己一个飘飘欲仙的瞬间,并不是什么奢望,只要来到古海温泉,就可以实现。

在这里,你可还原灵魂中的纯粹,回归赤子之身。夏夜里的繁星满天,举头可见,望着望着,便有了融化于水的轻盈之感。银铃似的月光,在泉水上飘荡,一波波晃至胸前,看着看着,便恍然如坐仙池。

在这里,你可做一尾自由的鱼。冬日时分雪花飞舞,伸手可接。雪花落入腾腾热气,像新生的秘密与古老的秘密终于汇合。安静地水疗的人,任由雪花落在头发上,顶着一头霜,拈花微笑般安详。

古海落日晚霞,也是一种奇景。当古尔班通古特沙漠被落日染红,整个世界仿佛突然安静。而彻底的放松和滋养,便来自这一神奇的时刻。

圆形温泉池

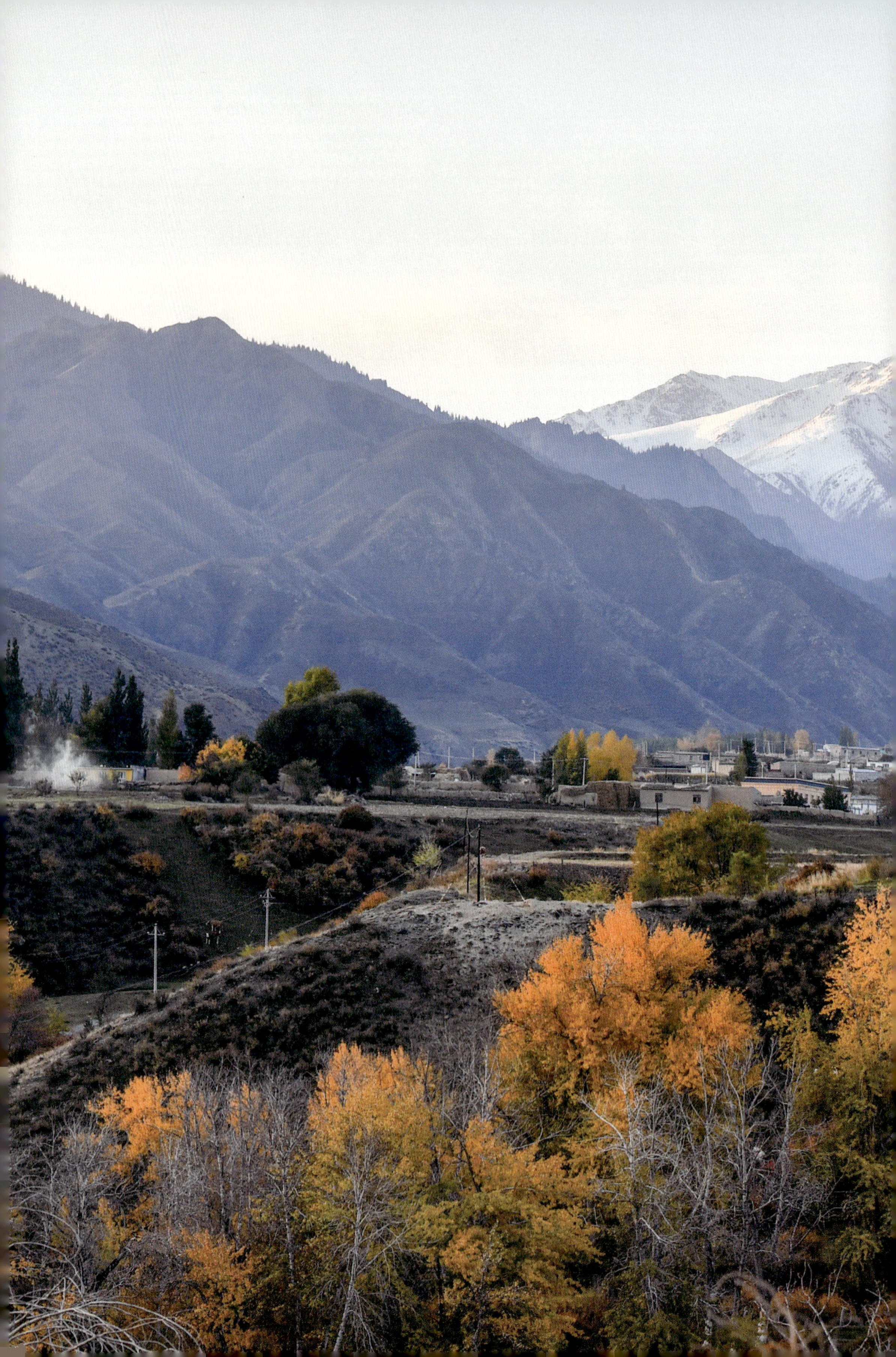

CHAPTER 09

在自驾中领略
天山北坡的绚烂之美

伴山公路景色

网红公路——新疆 S101 百里丹霞风景道

曾经，在探险者、摄影爱好者及热爱自驾的人眼里，它很美，却很虐。美是因为风光奇美，撼人心魄；虐是因为砂砾路面好似"搓板"，全程颠簸，考验车技，很费车胎。

它穿越天山深处，险峻奇崛，气势恢宏，是传说中的自然秘境，集沙漠黄土、戈壁荒漠、高山峡谷、草甸雪景、雅丹岩画于一体，美得五彩纷呈，引人神往而少有人至。

它就是 S101 省道，一条 20 世纪 60 年代为备战备荒而修建的国防公路。2021 年，总长 309 千米的 S101 省道柏油路全线开通。起于乌鲁木齐西山农场，终于独山子巴音沟口，完美衔接大名鼎鼎的独库公路，被称为"天山北坡地理风光走廊"。

被称为"百里丹霞风景道"的路段，在昌吉州境内，穿越昌吉市、呼图壁县、玛纳斯县，它全长 146 千米，拉开了天山腹地的神奇画卷，是天山的生态封面。这一路，赭红色、橙色、黄色、青色、绿色交织如彩锦，上演色彩的狂欢。当然，其魅力不只是有丹霞，而是一里一景，丹霞的千姿百态，时不时撩拨起惊喜。那些生长在其间的山，鬼斧神工，就像人类中的不同族群一样，各展其美，散发着个性的光辉。

有人喜欢以公路里程，或者地貌呈现的美景，来记忆风景道的不同惊艳。有人喜欢将它分为三段：昌吉段、呼图壁段、玛纳斯段。无论怎么划分，每一个地理名词，每一处美丽景观，都将心灵带向壮美之境，沐浴无比的畅快、自由与逍遥。

昌吉段的硫磺沟，因其煤区自燃而析出大量的结晶硫磺而得

丹霞春色 丁玉礼/摄

名。这里曾有过一场长达百年之久的"地下火灾"，地下煤自燃，从清朝光绪年间持续至2003年左右。硫磺沟绵延百余里，少植被，以雅丹地貌、石林地貌为主。自然在此纵情运笔，任性泼墨，以赭红中夹杂着黄白黑绿等色装扮壮山与峡谷，别具一种大开大放、神奇瑰丽的气象。如果寻找一块神奇的岩石命名，将是另一番乐趣所在。比如贝壳山、彩裙山、小蛋糕、朝天吼、布达拉宫等。而骆驼峰，位于S101五千米处，最为象形，是硫磺沟的标志。

山，是"百里丹霞风景道"永远的主角，散发着大自然的魅力和神秘气息。在呼图壁段，登上观景台以俯视和平视的角度看它们，它们的形象反而更加令人敬畏。锦绣河山景点的丹霞是单斜峰丛地貌，长1100~1340米。高耸的单斜山与底部连绵的岩丘，如王师浩荡北上，亦如群龙聚首，剑龙、钉状龙、乌尔禾

■带一本书去昌吉

在自驾中领略天山北坡的绚烂之美

S101 省道

龙、翼龙，这些远古的陆上霸主，露出绵长的身体，庞大脊背弯曲、扭转、野性、热血，展现出无穷的力量。它们或者一齐朝南咆哮，或者侧身东南，准备发起一场冲锋。"锦绣山河"四字，不足以表达这份大地峥嵘带给人的震撼。"长龙万载卧山南，百里蜿蜒景不残。神工刻雕晰可辨，实为世界罕奇观。"这是清末著名诗人宋伯鲁看到此景时的惊叹，诗中"长龙""百里蜿蜒"指的就是这里的百里丹霞。他的诗篇，像一面镜子，反射出了自然的美丽和伟大。

玛纳斯段全长约48千米。美丽的肯斯瓦特水库像遗落在天山中部的绿宝石。形貌狰狞又恢宏的五道垭，在玛纳斯县城以南55千米处。这两处风景区风光绮丽，有不同主题的民宿。凤凰

湖水库景区适合徒步和露营，夜晚星空如梦似幻，红色山体静静地释放着远古的能量，是个谛听天籁的好地方。

天山一号风景道：来一场魅力乡村文化游

天山一号风景道，全长约432千米，是一条自然与人文景观完美融合的风景道。

它分为东西两段。东段由东三县吉木萨尔、奇台、木垒唱主角，这是一条新疆经典乡村文化之旅。西段是昌吉市、呼图壁县和玛纳斯县的主场，这是一条农耕与牧业并重的风情之路。

天山一号风景道 王锡军/摄

先来一趟东三县之游吧。

天山岿然，你向天山走去；麦田金黄，你向麦田走去；村庄安详，你向村庄走去。古老的农耕文化，美丽的田园风光，是人们基因中沉淀的情感依恋。无论行走于伴山公路，还是穿行于平原丘陵，内心似乎都有某种东西被唤醒。不管是两天行程，还是五天行程，惊喜随时会出现。这段路上的所有时光，都是治愈的时光。

吉木萨尔县境内的南山伴山公路，起点从老台乡 S303 线岔口开始，到二宫河村、潘家台子村、喇嘛昭村、新地乡、大有镇到泉子街镇公圣村，沿线经过 6 个乡镇 25 个村。山野绽放着秋色，田园流淌着阳光，驾车奔驰在伴山公路上，绝对是心旷神怡的时刻。

王跃华 / 供图

喇嘛昭村是第一粒碧玉。以公路为界，一部分村民分住在山地缓坡上，一截柏油路分别铺向他们的家园。一部分村民住在丹霞山下的河谷地带。站在高处向下看，小村庄的美一览无余，绿色的树，金色的庄稼，红黄交织的丹霞山，碧绿的河水，从公路边走过的牛羊……如世外桃源。面对旅客，哈萨克族村民共同的语言是微笑。

新地乡的小分子村，是新疆首个画家村。特色民宿已成了网红打卡地。

吾塘沟小众，却拥有大美。伴山公路或在山脚，或在山腰，一个拐弯，便别有洞天。麦田要么被举在高高的山坡上，要么如金色瀑布滑下山坡。傍晚时分，行至高处，可能相遇一幅美得令人窒息的画面：苍莽的天山迎面而立，圣洁的雪冠被夕阳余晖染成金黄，一轮明月正高悬于其上。

车师古道，有两千多年历史，为新疆十大经典徒步探险线路之一。自驾到此，需留足时间，停好车后，去野狼谷，看看那些野性未泯的狼，听听养狼人的传奇，再徒步古道，看高山神泉、原始森林、雪山雄峰和文化遗址，去抚摸山的肌肤，聆听拓印在巨大山体之上的时间驼铃。如果游兴未尽，就留宿野狼谷。食宿方便，客栈别致，靠在走廊仰望，但见崔嵬高山，雄踞眼前。

奇台段全程91.6千米，途经东湾镇、吉布库镇、碧流河镇、半截沟镇、七户乡、老奇台镇6个乡镇。如需吃饭、住宿，沿线可随时搜索农家乐和民宿。

这是一段风光旖旎的路程。一望无际的绿色田野，满山的色彩版画，纷纷进入眼帘，所谓美景在路上。观光、休闲、度假、

车师古道

文化娱乐、康养健体、民俗体验，无论选择哪一项，都会得到满足。

国家5A级旅游风景区江布拉克，是世外桃源般的旅游胜地。可玩之处，可观之处，极为丰富。这里也是自驾者的天堂，可完成一个大环绕，由入口进去，欣赏万亩麦海、天山怪坡、汉代疏勒城遗址、花海子等风景，天山森林公园是最后一站。出来后，可能会意犹未尽，却一眼撞上了美食街与风情客栈。

七户乡一棵树景区，值得一看。一棵树龄约300年的古榆树，独自矗立于高山之巅，被称为"神树"。天气晴朗时，从全县的任何地方都能看到它的身影。或自驾上山，或沿着木栈道上山。站在山顶，视野开阔，胸襟为之敞亮，更觉山下人烟无比美妙。山顶有一尊林则徐的白色雕像。

在自驾中领略天山北坡的绚烂之美

一棵树 王锡军/摄

到了半截沟镇的腰站子，一定要停下来，要么住下，要么吃一顿拌面再继续赶路。腰站子拌面名声远扬，开车几十千米来吃拌面的不在少数，可别错过。

木垒境内的南山伴山公路总长103千米。许多著名古村落都在这条路上。比如英格堡乡的月亮地村，比如菜籽沟艺术家村落，可近距离感受乡土文化，触摸传统的根须。总面积568平方千米的天山木垒中国农业公园内，平顶山村捧出万亩旱田，云上草原马圈湾竖起玻璃栈道，让自驾体验爽到极致。

伴山公路景色

新疆金牌线路：环游天山——千里黄金线

有一种广袤叫新疆，它地大物博，山川壮丽，瀚海无垠，古迹遍地，民族众多，民俗奇异，是《中国国家地理》杂志评选出来的最美的省份，神秘而令人向往。

天山，气势磅礴，横跨新疆浩瀚的大地，圣洁又景观丰饶，它是新疆的象征，代表着新疆的美丽与神奇，令人心驰神往。

而环游天山——千里黄金线，正是阅读新疆山川地理之美、人文风情之厚、文化景观之多元的一条旅游品牌线路，它将无数美景串联在一起，形成了一幅璀璨壮美的画卷，且充分照顾到时间成本和费用开支，旅游品质更高。

环游天山——千里黄金线，起于天山东段，全长约800千米，重点景区线路长1000千米左右，环线游览总线路约1800千米，涵盖乌鲁木齐市、昌吉州、吐鲁番市的10个县市（区）。

这条环线上分布有国家级风景名胜区、国家地质公园、国家森林公园、国家湿地公园、国家5A级旅游风景区、4A级旅游风景区、五星级酒店及近300家星级农家乐。

旅游资源分布密集，且种类丰富多样，让这条环线变得斑斓多姿，如史诗般壮阔。沿途的风景，美得令人窒息，千里旅程，惊喜连连。无论是休闲一日游，还是休闲度假二日游，还是四天全程环游，抑或是自驾游，旅游线路都很经典。

环游天山——千里黄金线，自首府乌鲁木齐开始，便如文章引人入胜的开头，为整个旅程奠定了基调。二道桥国际大巴扎浓郁的维吾尔族风情，新疆博物馆安睡千年的"楼兰美女"，天山

叶勒森沙漠景区 昌吉州文旅局／供图

野生动物园的动物明星雪豹,天山大峡谷中美丽的乔亚草场,丝绸之路滑雪场的冰雪之魅,红山公园的迷人的"塔映夕阳"景观,达坂城风力发电站的恢宏气势,白水涧古镇里的王洛宾传奇故事……精彩纷呈,每一个景点都散发着独特的魅力。

环线上的木鄯公路,值得提一笔。它由北而南"横切"莽莽苍苍的天山,犹如穿过巨大屏障。钻出隧道后,展现在眼前的仿佛是另一个世界——鸟语花香的吐鲁番盆地。

属于吐鲁番的精彩亮点,早就被传诵多年,且让吐鲁番三个字有了神奇色彩。

著名的地下水利工程坎儿井,与万里长城、京杭大运河并称为中国古代三大工程,被称为生命之泉。艾丁湖是我国最低的洼地、世界第二低地。八百里火焰山温度最高,可以烫熟鸡蛋。葡萄沟是火洲的"桃花源",有100多种葡萄供游客品尝。交河

在自驾中领略天山北坡的绚烂之美

故城被誉为"世界上最完美的废墟",保存了2000多年,唐西域最高军政机构安西都护府最早就设在交河故城。"中国历史文化名村"吐峪沟麻扎村,已逾1700年历史,至今还保存着维吾尔族最古老的民俗风情,有"民俗活化石"之称。雄浑壮观的库木塔格沙漠,是离城市最近的沙漠,来一场沙漠越野,星空仰望,一定会留下刻骨的美好记忆。

东天山这一段,有举世闻名的天山天池、高山草原江布拉克、中国唯一的7.5亿年水龄的大漠古海温泉、世界最响的鸣沙山及最原始的胡杨林、亚洲最大的恐龙化石发掘地、最大的古森林化石群及天山木垒中国农业公园、叶勒森沙漠景区。

环游天山——千里黄金线自兴起以来,昔日被冷落的东天山线路成了一条最有文化和民俗积淀的旅游线路。自驾游一趟环线,相当于一次短期旅行,乘兴而行之后,兴尽而归。

吉木萨尔县风光 高承善 / 摄

CHAPTER 10

四季缤纷乐园集萃

养生小院

■带一本书去昌吉

新疆葫芦第一村

　　葫芦细腰，上下两个圆球，造型简洁坦率，线条灵动圆润。

　　它的出现远早于青铜器皿和陶器。在陶器尚未发明时代，木质化的葫芦剖开两半，可以用来盛水，能做装药罐、水壶和酒瓶。它甚至还可以做浮舟，庄子幻想带着它漫游江湖。

　　葫芦单纯得就像一张白纸，随遇而安，随缘而行，任人雕琢。非遗传承人将巧思镌刻在它身上，再现了思想之美、情趣之美、艺术之美、文化之美。被艺术化了的葫芦，不再是一个普通的自然瓜果，它有了人文属性，承载中华吉祥文化的丰富内涵。

　　呼图壁县五工台镇幸福村是个美丽的村庄，省道S201、乌奎高速公路穿村而过，大片的古榆、海棠、白蜡沿村而生，被誉

葫芦文创产品展示

手工艺人在装饰葫芦

为"新疆葫芦第一村",拥有占地百亩的葫芦文创产业园,是新疆唯一一个以葫芦特色为主题的田园综合体。种植基地综合了全国18个葫芦品种:亚腰葫芦、长柄葫芦、鹤首葫芦、疙瘩葫芦、美国小葫芦、异形葫芦……它们代表着大千世界的奥秘与多彩。

葫芦文创产业园中,展示着非遗传承人创作的1000种葫芦作品,琳琅满目,融观赏性和实用性为一体。其图案、工艺,既沉淀着中国传统文化之魂,亦闪耀着新疆多元文化之光。

新疆传统庭院都喜欢种植葫芦,过去还有专门的热闹的"葫芦巴扎"。葫芦手工艺品相应地融合了多元文化,其图案灵感来源于新疆各族人民的日常生活,如杂技和木卡姆演唱等。当它静静地站在展柜上,文雅古典,气定神闲,那时候,它是可爱的葫芦,神奇的葫芦。

在葫芦上进行刻画和装饰,叫"葫艺"。葫芦文创产业园还为游客提供了一系列培训课程,教授葫芦雕刻、彩绘、烙画等技艺。

其中,葫芦烙画手法被评为昌吉州非物质文化遗产。制作一幅好的葫芦烙画作品需要严谨的态度和精湛的技艺,每道工序都至关重要。掌握火候和力度是葫芦烙画的关键,需要运用勾、勒、点、染、擦、白描等多种手法,并需通过熨烫呈现出丰富的层次与色调,使葫芦作品具有立体感。

游客们亲自体验葫芦烙画时,平心静气,时间仿佛静止下来,心灵进入了一种与葫芦对话、与自己对话、与自然对话的奇妙境界。

近年来,葫芦文化在幸福村繁荣昌盛,形成了一整条产业链。它涵盖了亲子体验、葫芦采摘认领、文创产品、主题餐饮、农产品包装销售、民宿、农家乐和研学科普等多个方面。

作为民族文化的瑰宝,非遗在新时代需要创新传承方式,它在乡村中转化为产业,如在其传承之路点亮了一盏明灯。天上的云朵飘着,幸福村的葫芦送来了"福禄",那就买一个非遗葫芦工艺品带回家吧。

天山天池民俗风情园

打开天山天池景区这本壮美画册的第一页,赫然入目的便是哈萨克民俗风情园。那缤纷的哈萨克民族风情具有天然的磁力,吸引着大批来自世界各地的游客驻足于此。

一只鸟的翅膀从老榆树前掠过,向着园里的歌声飞去。

四季缤纷乐园集萃

载歌载舞 巴克达吾列提·特列吾巴依 / 摄

跟着鸟的呼唤，循歌声而去，去了解一个歌舞民族的文化习俗，零距离感受草原文化、品尝地道美食、参与各种活动，和哈萨克族村民快乐地融合在一起，感受哈萨克民族风情之魅力，哪怕时光短暂，也是旅行的意义所在。

天山天池民俗风情园，距天池核心景区20千米，自2005年起，依据风景名胜区综合整治的宏伟蓝图，秉持农、牧、游三者和谐共生的理念，历经数年打造，于2013年正式对外开放。该园不仅获"中国最有魅力休闲乡村"殊荣，更被权威部门认证为"全国休闲农业与乡村旅游三星级企业园区"。

天山天池民俗风情园是天池景区一道独特的风景线，除了展示新疆特有的人文风貌，它也成为农牧民增收致富和农牧业转型升级示范区，实现了保景富民双效益。园内经营主体，皆为世代居住于此的牧民转型而来，他们放下传统牧羊之业，成为为游客提供各类服务和文化体验活动的核心力量。

放羊娃作了阿肯弹唱歌手，要么站在烤肉槽前制作喷香的烤肉；妇女成为风情园的讲解员，要么身着民族盛装用巧手绣出精美的绣品出售……毕竟生活目标只有一个维度，那就是向着幸福奔跑。

跟着提示牌，漫步小径，便不会错过风情园中的 20 多个体验项目。

一墙白色马头骨，会让人猛然一愣，但很快便心领神会。哈萨克族是最爱马的民族。所谓马头文化，正是这个民族独特的情感表达，因为骏马和歌谣是他们的两个翅膀，"不要打骏马，要

休闲弹唱 巴克达吾列提·特列吾巴依／摄

去找道路"是他们的人生箴言。

传统芨芨草编织，是古老的生活技艺，只有传承，才能走得更远。

手工擀毡更是需要复杂的工序和极好的耐心与智慧。

哈萨克族婴孩的木质摇篮仿佛永远都不会在时光中黯淡。

马鞭子在哈萨克族中象征着爱情，"希望你拿着细细的马鞭，轻轻地拍打在我的身上"。这种马鞭子爱情，其浪漫、炽烈，真乃世上独一份。

古老毡房被色彩鲜艳的手工刺绣生活用品装点得辉煌美好，它装下的虽不是全部的生活，却是生活的全部。

看一场原汁原味的民俗表演婚礼，热情的哈萨克帅小伙迎娶他的美丽新娘，载歌载舞的热闹气氛，操着南腔北调的游客，忽

赶毡 巴克达吾列提·特列吾巴依／摄

然发现自己的心被瞬间点燃。就像观看绚丽多彩的民族歌舞时，面对哈萨克姑娘小伙的热情邀请，并不想拒绝，双臂一展，肩膀一耸，脚步踩着音乐节拍，跟着他们的舞姿而动，潇洒、自在、欢乐，在一个陌生的地方，绽放出全新的自我。如果男游客被选中做一回哈萨克新郎，就会被打扮起来，换上哈萨克新郎盛装，而众人则围着他，欢唱祝福。

大榆树下有一座爱情秋千，游客坐上去荡上一回，有爱情的，爱情更坚固，没有找到爱情的，即将在下一站旅途邂逅自己的爱情。

别忘了品尝美食，在体验了手工制作奶制品的愉快之后，用地道的烤羊肉串、包尔萨克、奶茶为旅行画龙点睛是必要的。

选一条哈萨克族的红裙子穿上，那种少数民族少女的既视感，连树上的麻雀都惊讶万分。喜气洋洋地拍几张照片，发到朋友圈，不亦乐乎？

名满天山的昌吉小吃街

两百多年前的一天，九碗菜被工整地摆在正方形"仗盘"中，无论从哪个方向看，九碗菜都成三行，故名"九碗三行"。传统文化中，"九"为最大，象征尊贵。"九碗三行"宴，是回族人的传统宴席，很讲究，极庄重。

这道菜荤素搭配，食材以牛肉、鸡肉、羊肉、鱼肉等为主，菜品由丸子、夹沙、焖子、卷帘子、汆汤等组合而成，营养丰富，

小吃街的雕塑

吃完后精力旺盛,所谓"九碗三行子,吃了跑趟子"。

主人开口介绍,贵客颔首微笑。

贵客,便是林则徐。据史书记载,林则徐于1842年被发配新疆伊犁,途经昌吉州境内,住了十多天。当地县令与宗教人士便以"九碗三行子"招待林大人。对于长途劳顿的贵客,这道菜是最好的体贴。于是,宾主尽欢。

这一场景,被一组精美的铜雕永久地定格在昌吉小吃街,传递着美食及其文化的温情及绵长。

昌吉小吃街位于昌吉市建设北路,紧挨北公园,空气新鲜、环境优美。自2008年9月起,昌吉小吃街开启其繁华的商业之旅。如今商铺林立,人潮涌动,成为餐饮、休闲和娱乐的旅游胜地,更是"美食之都"昌吉市的一张美食名片,是吃货们的天堂,食

■带一本书去昌吉

烤羊

客眼中的美食"大观园",享有"中华回民小吃名街"之誉。

四方世事,不过一碗人间烟火。赫赫有名的昌吉小吃街,美食荟萃。众多回民特色的美食,是丝绸之路饮食文化的缩影,在吸收了新疆多民族烹饪文化的精华之后,独具风味,一朝品尝,终身惦念。

脍炙人口的九碗三行子、椒麻鸡,是游客的心头爱,已经走出国门,传播到巴基斯坦、迪拜、法国等地,与他乡美食一道温暖人心与味蕾。

油糕、油香、油塔子、炸馓子、面肺子、椒麻鸡、面旗子、丸子汤、粉汤、加沙、凉皮、凉面、胡辣羊蹄等回民特色美食,

四季缤纷乐园集萃

九碗三行子 闫有才／摄

都各有大量拥趸。

就拿粉汤这道回民的传统美食来说，各家粉汤虽然都以牛羊肉烩粉块儿和菜品，却各家有各家的讲究和味道，品尝过后，才知回族那句"百家粉汤百家味儿"的谚语，所言不虚。

每一个摊位都承载着独特的风味和动人的故事，面相和善的维吾尔族、回族或哈萨克族店家，捧出风味独特的美食，吸引着无数食客驻足品尝。中华名小吃、中国名菜，风味独特，同组饕餮之宴；中华餐饮名店的招牌菜、特色菜，透着老字号绝对的实力。老店卖的各种小吃、糕点名扬四方，等候热油糕的人常常排起长队，而同时段，老板们正在电商直播间卖力吆喝。

昌吉小吃街拥有一种"混搭"气质，传统的伊斯兰建筑风格与中国的古典建筑形式完美结合，散发出浓郁的古韵。门牌楼坊

带一本书去昌吉

平安塔

庄重而大气，飞檐斗拱典雅而灵动。青砖绿瓦、镂空门窗、青石地面以及精美砖雕，无不呈现着中华民族深厚的历史底蕴和审美追求。高达七层的平安塔，是昌吉小吃街的标志性建筑，寓意深远，寄托深厚。游人可登高望远，俯瞰小吃街全貌，将人民公园的壮丽景色收入眼帘。

当味蕾与各式美食相遇，便是人间值得。

而昌吉小吃街，一定要去，那里热闹且充满活力。

庭州生态绿谷——市民的心灵驿站

昌吉市头屯河西岸，便是美丽的庭州生态绿谷。

它是生态文明建设的生动样本，共有五大主题公园：自然生态修复公园、城市康体运动公园、城市庆典公园、工业遗址公园、文化公园。

来昌吉的游客，一定会望见两座耸立云霄的冷却塔，它通体彩绘，描以蓝天白云、草原碧水。它曾经是发电厂标志性建筑，承载着昌吉人的珍贵记忆，现在是工业遗址公园的主角，生动展示着一个城市的绿色发展历程。

游过几大公园，尤其站在文化公园的人工湖前，心中不禁涌出一个念头：生态绿谷应该是一座城市的标配。辽阔的蓝色水域放得下天空，抱得住白云，可以任夜里的群星像鱼一样游来游去，也可以与无数双荡漾着愉悦的眼睛相互致意，一起说：世界美如斯。

■ 带一本书去昌吉

河流都是带着使命来的。庭州生态绿谷今时今日的美丽,依然是一座城市与一条河流的故事。

头屯河,是昌吉市的母亲河,发源于天山山脉中部的喀拉乌成山北坡,长达190千米,是乌鲁木齐、兵团十二师和昌吉市的行政界河。在生态治理工程开始之前,这里因历史沿革、行政区划和属地管理变迁,河道两边高污染企业、小型作坊聚集,垃圾遍布,河床因滥采滥挖破坏严重,河岸沦为杂草丛生、满目疮痍的干河滩。它一度被戏称为"头疼河"。

河流的故事,是城市的故事,也是人的故事。尊重河流的伦理,是一个地区和城市的态度。头屯河生态修复工程,由昌吉市、乌鲁木齐市、兵团十二师三家携手,历时五年于2021年10月完成。

庭州生态绿谷 新疆大剧院 王锡军/摄

当自然灵性被重新唤回，并被赋予了人文之魂，河流的气象就变了。头屯河成了门户担当，蜕变为产业新高地、城市新客厅、生态新空间。头屯河的东岸，是全长26千米的万亩头屯河谷森林公园，由兵团第十二师建设；西岸是全长13.3千米的庭州生态绿谷，由昌吉市建设。

一河两岸，5万亩生态绿地，新生的城市景观河带，成为三地百姓共享的休闲娱乐胜地。

文化公园最为市民和游客所钟爱。想解馋有特色小吃，想散步有长长美丽的步道，想骑车有各类公园观光车等候。

文化公园拥有蓝天碧水的白昼丽景，也拥有五彩斑斓的美妙夜景。拍照，或者拍小视频，都能出片，随便一个镜头，都是发朋友圈的好素材。

840亩的人工湖，宛如天空之镜，白天波光粼粼，如蓝色水晶。夜晚浮光跃金，若玄彩丝锻。

湖周绿树成荫，花草繁茂。湖中一桥曲致，叫飘带桥，引游客闲庭信步，尽享美色，尤其走到中段，向西回望雪莲花造型的新疆大剧院，绝美的画面叫人难忘，那湖水中的倒影清晰如绘。地上一朵金色雪莲，水中一朵金色雪莲，两者交相辉映。夕阳余晖时分，晚霞在天，彩云入水，尤其壮丽辉煌，一场视觉盛宴，惹人痴迷。

华灯初上，头屯河两岸流光溢彩，飘带桥、台阶、步道、观景平台，双层的头屯河大桥，处处五彩灯饰。大桥长龙般的倒影映于湖面，清水涟漪浮动着华灯的璀璨。

庭州之夜，既有万家灯火的温暖，也有河谷灯饰群的繁华。

冰雪大世界夜景 丁玉礼/摄

光的世界，绚丽无比，望之心灵轻盈。

孩子、恋人、老人、吉它歌手、摄影师，还有将红灯笼挂在小吃摊上的摊主，每个人都在用自己的方式感受着当下的快乐，感受着庭州生态绿谷之美。

而到了冬天，它摇身一变，成了冰雪乐园。

夏季乐园：水磨河避暑休闲旅游度假区

水磨，这一古老的石制磨面粉工具，通过以水带动磨盘转动，达到粉碎谷物的目的。它还是一种重要的文化符号，代表着勤劳、智慧和创造力。

乡约水磨客栈

西吉尔镇，蒙古语为"多沟坡的地带"，是有名的文化旅游名镇、生态休闲小镇、经济发展强镇。发源于雪山深处的水磨河，是木垒西吉尔镇唯一的河流。

水磨河避暑休闲旅游度假区，是以水磨文化为底蕴，集生态旅游、餐饮住宿、农耕文化体验为一体的休闲避暑胜地。为国家4A级旅游风景区，是木垒县的一张响亮的生态旅游名片。

东天山优美的自然风光和深厚的人文历史文化背景，是这里的旅游宝藏。水磨文化，水磨遗址，屯庄子旧址，庙台子庙宇，庙尔沟景观传说，古色古香的"拔廊房"传统村落民居，每一个元素都曾经与大地相拥，还未曾消逝于风中。

漫步于水磨河景观带，就好像在读一个村落的命运和历史，在读它的神采与筋骨。参观水磨设施，体验水磨磨面的整个过程，

■带一本书去昌吉

水磨河

可即时感受水磨文化。独一无二的气质和内涵，让一个村庄从时光的馈赠中脱颖而出。

度假区处天山深处，每到夏季森林碧水、毡房蓝天，犹如冷库的温度，是极适宜避暑消夏的好去处。天空中大朵大朵的白云，闲庭信步；地下大块大块的绿色麦田，敞开怀抱；青山上大片大片林海松涛，涌动依恋。水磨河的美景，在一个画家眼中，是乡村额头上的一抹明丽与洒脱；在一个诗人眼中，是乡村灵魂中的一种生长和坚守。

因此，当夏季来临，每一朵花仙和草仙，每一株小麦和豌豆，每一座高峻青山，每一道蜿蜒沟谷，都准备完毕，各穿盛装，相互致意，凝望人间五月，等待着游客踏歌而来。

暑气暄暄时，来到度假区，观光旅游，避暑纳凉，一举几得。入目皆是风景，待一天，便做一天神仙。待十天，便做十天神仙。因为当全疆平均气温高达到34℃时，度假区的最高气温只有24℃。作为一个避暑胜地，游客的夏季"乐园"，水磨河从来不吝惜晒出所有的美，拿出所有的清凉，深情款待每一位贵宾。若是家庭出游，孩子欢笑，老人欢颜，幸福会翻倍。

入住家庭式农家民宿客栈，可品尝农家特色美味，了解一幢拔廊房的善良。2022年水磨沟村被确定为自治区级乡村振兴创建示范村，至今仍然保留着明末清初以来的建筑——拔廊房，并因此而闻名。冬暖夏凉的拔廊房，廊檐向外"拔"出了一截，像帽子有檐，可抵雨雪对木门木窗的侵蚀。如对土特产品感兴趣，可带走的有阿魏菇醋酱系列产品、三粮白酒系列产品，还有鹰嘴豆粉、面粉、扁豆等杂粮产品。

游客也可以在野炊餐饮区来场自由烧烤，再到有机蔬菜采摘园，体验一把农事新鲜。还有乌孜别克族民俗风情，从星星点点的白色毡房飘扬而出，成群的牛羊马使翠绿的山坡有了灵魂。

每当这时，山谷都忍不住升腾起白云，向仰望风景、享受生活的人问好。

拥有七大主题乐园的杜氏旅游度假区

六工镇，绝对是昌吉市的一块宝。

阡陌纵横，一派田园好风光；水网密布，一鉴蓝天生白云。

说它是宝，理由很多，比如蔬菜瓜果、鲜鱼、葡萄生产基地很亮眼，乡村旅游建设很成熟，特色农家乐和客栈遍布全镇。

但最重要的，是它能活用水资源，做好水文章。六工镇水域面积最大、分布最为集中，借着这一地利，从欧洲进口大部分游乐设备，建造了新疆规模最大的水上乐园——杜氏旅游度假区。

杜氏旅游度假区始建于1997年，占地面积约5000亩，是国家级4A级旅游风景区、全国5A级农家乐，全国首批"信得过"旅游景区。它距乌鲁木齐市36千米，昌吉市16千米。适合周末游，也适合四季游。是一个酷炫刺激的游乐聚集地，是城市家庭亲子

一站式度假旅游区。

它引领了乐水、亲水的新潮流，让养生、养心成了一种全新的休闲体验，充分展现了自我关爱的生活态度。它如一颗明珠，如一尾蝴蝶，如一湾月亮，灵动而安详，高端而大气。但以水为中心做足文章，却不囿于水这一个生态主题。杜氏旅游度假区拥有七大主题乐园，其中海洋水世界、欢乐王国、冰雪乐园、非遗文化小镇、休闲养生园等五大园区，成为夏季人气颇高的"打

杜氏旅游度假区

卡地"。

有人说，南方人的执念是雪，新疆人的执念是海。一个泡在蓝色里的夏天，一个蓝色澎湃的夏天，是一座水上乐园的执念。不是海，却有海的蔚蓝；没有海的浩瀚，却有海的激情。乐水、亲水，皆与生俱来。炎炎夏日里，水的温柔和流动、水的神奇与奥妙，化为了消暑的灵丹、欢乐的桃花源。

"迷你水寨"是专属小朋友的童话水世界；"漂流河"让亲子之旅温馨有爱；"海啸冲浪"还青春一个多巴胺尖叫；"超级大喇叭"将快感送向顶峰。"夏威夷水寨""四彩滑道""大黄蜂组合滑道"等，花样百出，可刺激，可浪漫，可动感，可悠闲，只为一个蓝色的夏天，因水而梦幻。

池塘中万朵荷花亭亭，香远溢清，抚慰视觉。许是静极思动，很多游客喜欢跑到喷泉大喇叭处，对着喇叭口放声大喊，随着高亢的呐喊声，远处的喷泉便一飞冲天，如巨鹤展翅。

它是多元的，丰满的；是激情热烈的，也是浪漫诗意的；除了一个蔚蓝热情的水世界，它还有一个著名的养生小院，顺应了消费观念升级的趋势，以康养为核心，以人与自然和谐共生为理念。

作为全国乙级旅游民宿，养生小院环境清新雅致，红墙黛瓦，古典浪漫；客房风格典雅，古典元素与现代舒适完美融合。

在民宿套房内，琴、棋、书、茶与香，都在静静等待着一次美丽的邂逅。轻抚琴弦，棋局悠然展开，书页轻轻翻动，茶香四溢，曼妙音乐萦绕耳边……时间放慢了脚步，心境沉静如水。

冬季，养生小院是听雪的天堂。要么出门踏雪，赏青松琼枝，

四季缤纷乐园集萃

白玉雾凇,听脚下咯吱有声;要么坐在阳光玻璃房中,看琼花万朵从天穹飘落,翻阅一页冰雪童话。"六出飞花入户时,坐看青竹变琼枝",不经意间,潜入时光深处。

春天,品尝有机食物,更有苜蓿、马齿苋、蒲公英等野菜清凉味蕾。夏天,在澄澈的星光中入睡,在悦耳的鸟声中醒来。

在这里,天地悠悠,视野无阻。在纯粹的自然面前,渴望宁静的心获得了安顿。

尽情享受亲水乐趣

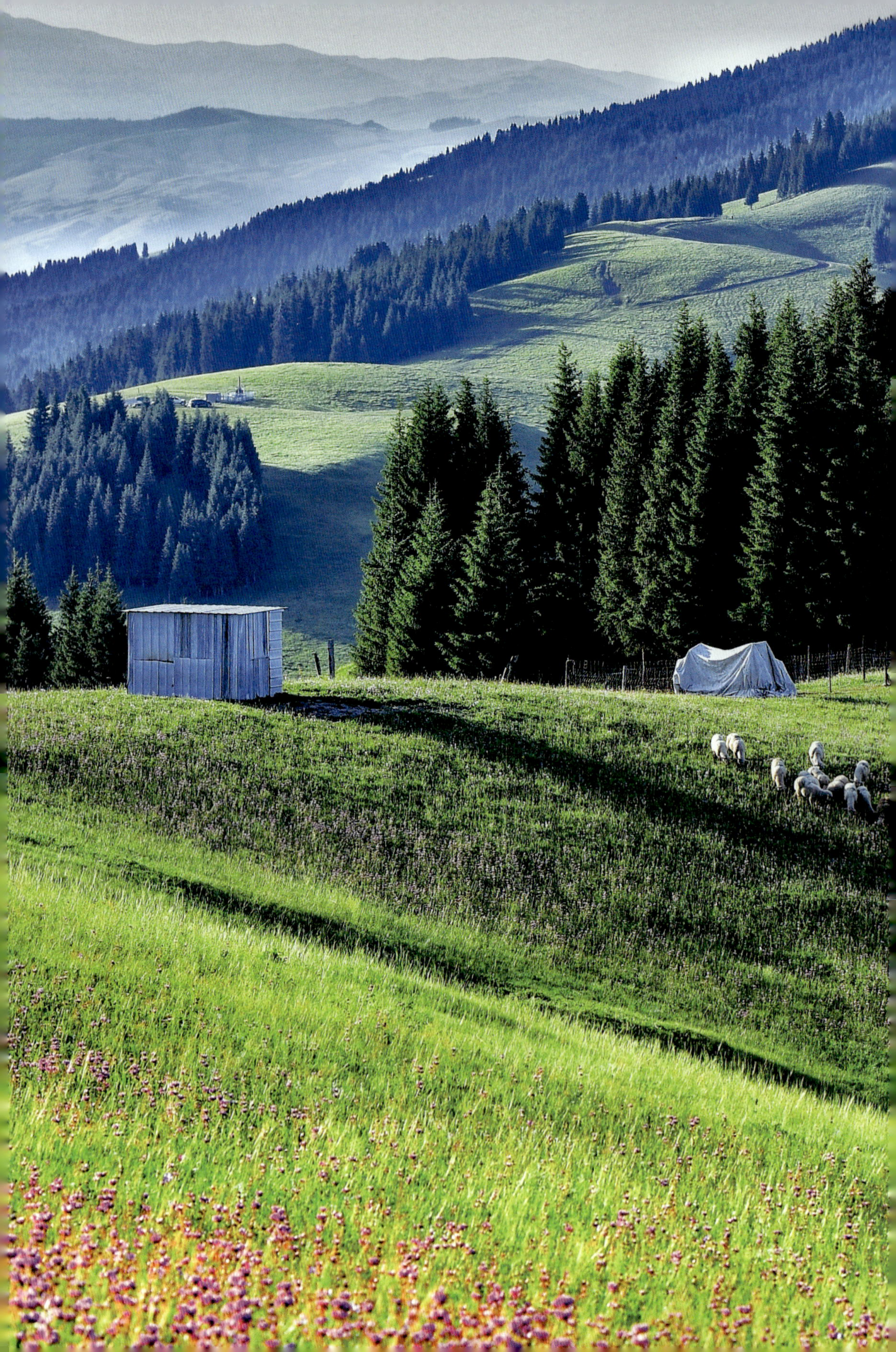

CHAPTER 11

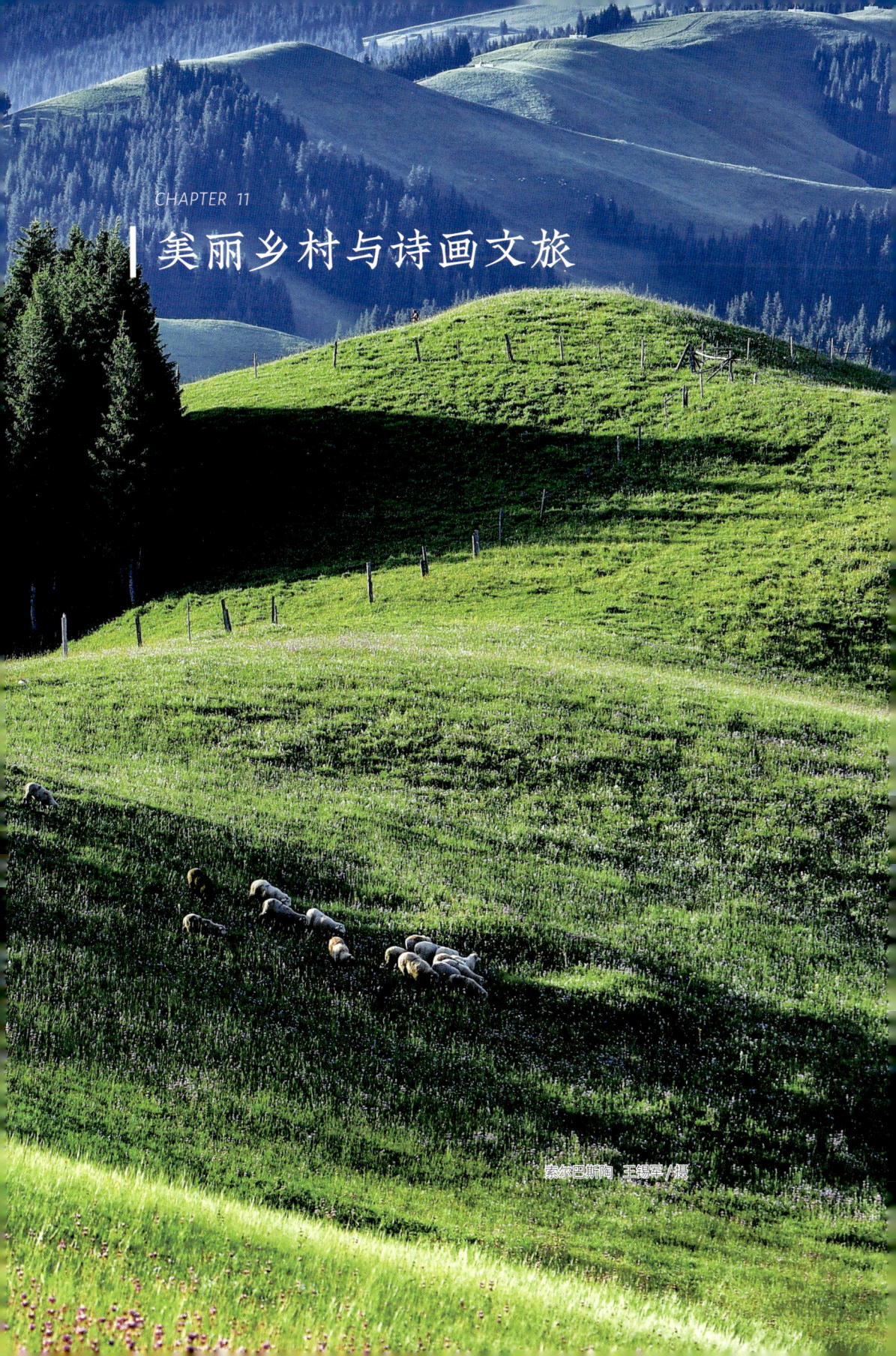

美丽乡村与诗画文旅

新疆传统村落月亮地村

只要看到月亮，那些来过这里的人，都会立刻想起它。

青石板铺就的村道，古色古香的拔廊房，花木扶疏的农家小院，屋檐下的红灯笼，耸立村头的"年轮"雕塑，可以眺望全村麦田的空中树屋，村民制作的虎头布鞋、刺绣拖鞋、手工挂面，这些统统都会被想起，还有滋味醇厚的农家饭：羊肉焖饼、糖芋、炒土鸡蛋；还有和村民一起磨香油、蒸馍馍的乐趣。

它依山傍水，天空清澈，是一个集传统民居、民俗、手工艺、自然景观文化为一体的中国传统村落，始建于清末民国初，已有上百年历史，目前属于新疆汉文化保存较为完整的传统村落之一。

因河流绕村而过，村庄东西两面形成了弯月似的地形，村民便给它起了一个好听浪漫的名字——月亮地。

月亮似乎格外偏爱月亮地，三五之夜，站在庭院中抬头望月，会暗自一惊，它那样大，那样皎洁，好像与在城市看到的不是同一个月亮。

月亮地村成了许多本地人周末休假的首选之地，入住不同的主题客栈，抚慰深埋于心的田园梦。客栈统一为传统的"拔廊房"。何谓"拔廊房"？百余年前，从内地迁居到此地的人们发现这里雨水多，雨水直接冲刷土房子，土墙上的木门和窗棂容易腐朽。为了保护门窗，一些能工巧匠便将廊檐向外延伸一米多，就像把原来的廊檐朝外拔出一截。"拔廊房"历经百年风雨而不倒，皆因这一创造性巧思。

"拔廊房"结晶着居民的生活智慧，成为汉文化与西域多元

月亮地"拔廊房"客栈 王锡军/摄

文化元素相融的一个载体。生活在这里的人们，喝着天山雪水，吃着木垒羊肉，唱着秦腔和眉户，眉眼和语言中既有陕甘，也有新疆，最终和这片土地长在一起，梦境被穿过"拔廊房"木窗的月光照亮。

  而走过一百多年的拔廊房，摆脱了破败的宿命，在保护开发利用中迎来了新生。村中所有的拔廊房被修葺一新，改造成了各具特色的主题民宿客栈。房子仍然保持着老宅的原貌格局：青瓦、黄黏土墙、木栅栏院墙，而房内宽带、供排水、水冲式卫生间、淋浴、标准化厨房一应俱全，院子里花草繁茂，绿色有机蔬菜姿态喜人，廊檐下黄澄澄的玉米棒和红彤彤的辣椒串，闪着烟火的甜蜜。现代文明与田园生活完美融合起来，使拔廊房特色的民宿，拥有了"室外五千年、室内五星级"的高品质体验。

月亮地农耕文化展示墙 昌吉州文旅局／供图

月亮地村被评为"全国美丽休闲乡村""全国乡村旅游重点村"。这是一个村庄朝着内部生长，拥有了春华秋实的骄傲记录。

月亮地村是农耕文化的缩影。村史馆中，收藏着村民自发捐赠的400多种老物件，展露出一个村庄内部的生动代谢。它们是丰沛民俗中的果实，是属于月亮地的传统基因。

它拥有一座新疆唯一村级农耕博物馆。走进其间，映入眼帘的，是一切与新疆农业生活相关的元素：农耕源流、农耕器具、农耕风貌、收获储存、家居生活、炊事饮食、传统习俗、休闲娱乐和乡村工匠等，它们共同构成了一幅近现代新疆汉民族农耕文化的全景图，清晰展现了新疆农耕文明向现代农业文明转变的历史节点。

村子的南大门，矗立着一个"年轮"雕塑。12根辐条寓意

美丽乡村与诗画文旅

年轮 王锡军/摄

12个姓氏的人家居住于此，周身上144块木板象征常住的144户人家。雕塑为黄土颜色，寓意月亮地的农耕文化底蕴。

当古戏台上响起一声秦腔和新疆曲子，月亮地村顷刻间变得铿锵，如月亮一样明亮、真实，令人回味无穷。

新地乡小分子画家村

从伴山公路前往小分子村的路上，即在画中行。

美景恰似一阙清新舒阔的慢词徐徐展开，令人心旷神怡。蓝色的天空纤尘不染，一座座连绵起伏、错落有致的山丘滑过眼帘，头戴闪闪银冠的美丽天山矗立前方，七彩阡陌交织出绚丽的色块，牛羊也成了大地上行走的风景。

当画家倾心于原汁原味的乡村画卷，坐在路边，或者坝上，在雨消雪霁后，时而凝视远方，时而晃动画笔，用画笔描绘着新地乡的春夏秋冬，这幅画面本身就很美。人在景中坐，亦是画中人。人与自然融为一体，风烟俱净，心无挂碍，优哉游哉。

这样的时刻，无论对画家，还是对游客，都有着绝对的吸引力。

采风创作

■ 带一本书去昌吉

　　吉木萨尔县新地乡小分子村，被誉为新疆首个画家村。这里保留了山峰、云雾、怪石、流水的原始风貌，吸引了大批艺术家前来创作，最终由一个贫困村华丽变身为富裕的声名远扬的"画家村"。

　　新地乡，距离吉木萨尔县城35千米，土地肥沃，冬暖夏凉，景色秀丽，是一座"天然氧吧"。它怀中的小分子村静处深山，犹如璞玉，具有得天独厚的美质。一条小河穿村而过，春夏秋三季野花漫山遍野，热烈欢歌。农舍、农田、树林同是坡地上起伏的音符，雪峰与松林是天然油画中的美丽背景。

　　经过多年经营，如今的新地乡小分子村，拥有生态庄园、农

艺术青年在创作

家乐、民宿、咖啡馆和康养基地、石器美术馆、果园艺术家公社、画廊步道、太阳部落等体现画家村主旨的文化景观，有"写生基地""农家美术馆""农家画院"，形成了文化地标集，还有着较为完善的基础设施和公共服务设施，接待游客的能力越来越强。

那些随意靠在墙边的木车辘轳、木犁，写着艺术家工作室的木头路标，一面写满艺术家名字的火墙，一把插在瓶子中的麦穗，都透着一股属于小分子画家村的特有气息，既乡土又文艺。恬静、朴拙、悠远，带着些禅意。

大自然的馈赠，加上文化艺术打底，让小分子村成为旅游和文化融合的成功范例。它引来了向往诗和远方的中外游客，引来了迷恋其自然风光和淳朴民风的艺术家，成为前来写生的画家、师生素材与灵感的源泉。

不仅如此，近水楼台先得月，小分子村的农民开了眼界，领受了艺术熏陶，从而拥有了"艺术"之眼，审美意识也被彻底唤醒。他们在家中挂起了油画，不少村民不光带着孩子拜师学艺，还拿起了画笔，与画家们一起参加作品展，成了"农民画家"。

在乡村酒吧里，品着咖啡放空自己，或者徜徉于被明月洗过的乡村小道，或者爬上半山腰静坐半小时……体内积淀的城市喧嚣便被一扫而空，内心被乡村的宁静氧气洗成澄明一片。

慢时光、慢节奏、慢生活。原汁原味的乡土气息，呈现出木质的温暖亲切的色泽，带着回归自然的召唤。

这里，可以守望麦田，可以极目发呆。心中浓浓的乡愁会找到故乡。来吧，"画家村"已经备好阳光的酒杯，等你。

江布拉提 王锡军/摄

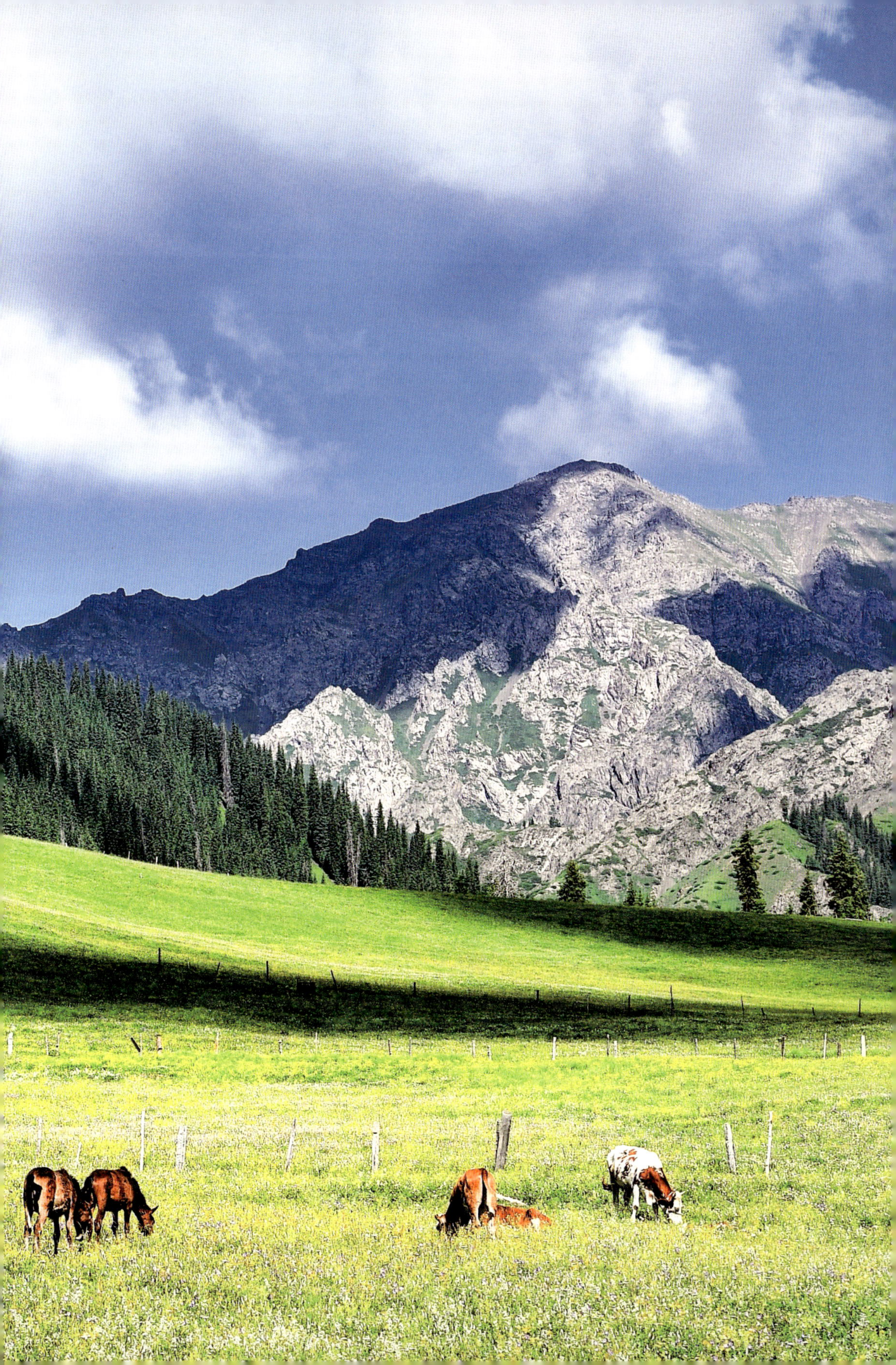

醉美阿什里

"欧巴勒山麓挺拔丰饶，霍斯布拉克山泉激情喷涌，你使诗人豪情荡胸，你是我的宝地我的故乡。"

这是"达尔汗"（哈萨克语意为"辽阔"）乐队献给家乡阿什里的颂歌，旋律非常动听。来阿什里乡旅游的理由，除了他乡明信片式的风景，还有怀抱冬不拉或吉它的歌手，为你歌唱。

阿什里乡在昌吉南部山区，是一个"离城市最近、风景最美、全域融合辐射"的特色风情旅游小镇，面积达3000平方千米，拥有各种绝美的风景。

江布拉提、索尔巴斯陶、霍斯布拉克、努尔加大峡谷，每一个地名代表一种胜景。它们又有共同的特点：自然天成，美得不假修饰，令人一见钟情。置身其中，只觉心情旷远，感动莫名，心中诗意的琴弦被轻轻拨动。

一进入春天，草场绿意葱茏，繁花似锦，美不胜收。那一袭青衬的山峦，曲线柔美，体态婀娜，在和煦的春风中，醉人眼眸。

黄色花朵密密匝匝，像造物主推倒了花篮，无数花朵像牛奶一样倾倒而出，落满山坡。牛儿漫步花间，成了幸福的赏花客。它听不懂琴声，但一定爱极了5月金色的山坡。接着，便是紫色的花海上场，热烈浓郁，挥洒着生命的喜悦。

常常有几大块彩色石头散落山坡，别具风情。苔藓以不可思议的能量，扬鞭策马，笑傲江湖，将石头打造成色彩斑斓的城堡。一只旱獭，从洞穴里跑出来，恰巧停留在石头旁边，好奇地四处张望。这一刻，碧空如洗，万物蓬勃可爱，生态和谐。时空交织

美丽乡村与诗画文旅

出无数完美而富有生机的画面，若非亲见，难以想象。而这，就是旅行的意义所在。

霍斯布拉克，哈萨克语意为鸳鸯泉。这是个集奇、险、秀、美于一体的景区。繁星般的野花点缀在山坡上，与涓涓流淌的鸳鸯泉相映成趣，天山马鹿在林间欢快地奔跑，雪山与冰川的壮丽景观仿佛在诉说着远古的寒气，沿途的雅丹地貌则呈现出众多象形奇观。此外，这里还融合了哈萨克游牧文化的人文气息，可以欣赏到哈萨克族的搬迁传统、独特的婚俗与服饰展示。

江布拉提草原是阿什里乡牧民的夏牧场。它的花海，美得惊心动魄。也许是因海拔高，一直到秋分已过，仍是姹紫嫣红开遍，

索尔巴斯陶景观 王锡军 / 摄

各色野花开得如痴如醉，丝毫没有谢幕的意思，让前来观赏的人欢喜异常。

站在碧绿柔软的高山草甸之上，即使漫天乌云，心也会被治愈。那曲线蜿蜒的山梁，风云漫卷的天空，直指苍穹的云杉，钢蓝色巍峨、坚毅、古老的天山，构架出自然和谐、澎湃的生命力。悠悠天地间，个体渺小，是自己属于风景，还是风景属于自己，都不重要。重要的是，心被养育得开阔而悠远。

索尔巴斯陶，一向是哈萨克牧民的冬牧场。阿肯弹唱、赛马、叼羊、姑娘追等娱乐盛会，常在这里举行。当羊群似撒落的珍珠，带着一束光芒走过绿色山坡，摄影师的镜头仿佛被照亮。

努尔加大峡谷，色彩之丰富，山峦之奇特，令人惊叹。它是时间的杰作，是风的杰作，是地理运动的杰作。一切仿佛是造物主微醺后的即兴发挥，它一笔挥毫，而成壮丽画卷。三屯河水从峡谷中蜿蜒而过，让丹霞峡谷既英气硬朗，又柔美灵动。它景色壮美，气势巍峨，轻易就能打动每一个来看它的人。

玛纳斯中华碧玉园：探寻宝石的神秘魅力

玛纳斯，坐落在天山北坡、准噶尔盆地南缘，自古以来就是玉石的故乡，盛产优质碧玉，被誉为中国的"碧玉之都"，与世界三大碧玉产地齐名。

想了解、购买玛纳斯碧玉，可以到中华碧玉园。

中华碧玉园中，矗立着一块上百吨的碧玉原石。这位时光之河的旅行者，山川变迁的目击者，在阳光的照射下，熠熠生辉，深沉，粗犷，令人望之震撼。那些用大块碧玉雕琢出的靠椅和几案，则自带贵气、灵气与静气。形态各异的碧玉雕件，如玉佩、玉山子、玉碗、玉壶等，还有山水牌、女性碧玉饰品，每一件精美的艺术品都凝聚着匠人智慧，散发着文化韵味与典雅诗意。

中国人向来尊玉、爱玉、佩玉、赏玉、玩玉。所谓君子爱玉，就是希望借玉一分天然灵气，养自己几分纯然心性。来到中华碧玉园逛一圈，了解碧玉文化历史，参观各种玉石展览，选购心仪的碧玉制品，学习玉石鉴定，参观玉石雕刻，整个过程既养眼又养心。不知不觉间，玉的温润与美丽便镶满了记忆。

中华碧玉园的建筑，巧妙融合了汉代建筑的精髓和现代设计的理念，古朴典雅，庄重恢弘，与玛纳斯深厚的历史文化和塞外水城的独特气质相得益彰。园内的建筑细节，不仅展现了国风美

中华碧玉园雕塑

学，还深刻体现了玉石文化与中华传统祥瑞文化。

园内一座高达 6 米多的雕塑，则是中华碧玉园的点题之笔——"天山金凤凰·碧玉玛纳斯"。一只神圣的火凤凰，双翅环张，拥一颗硕大碧玉球，造型充满美感，又极具力量感。玉乃一切美好事物的化身，凤凰是进取、太平之象征，不管时代如何变迁，玉和凤凰都是人们心中的祥瑞之物。

中华碧玉园，建于 2012 年，位于玛纳斯县团结路与凤城路交汇处东南侧，占地面积超过 2000 亩。它以碧玉文化产业为核心，是集购物、旅游、住宿、餐饮、休闲、娱乐等为一体的大型复合商业中心，也是新疆乃至西北地区最大的碧玉加工销售中心和创业培训基地。由碧玉城、农副产品商业街、绥来美食城、碧玉鉴定中心和葡萄酒检测中心五大区域组成。

自 2007 年起，"玛纳斯碧玉文化旅游节"年年与游客见面。它是新疆十大特色旅游节庆活动之一，已跻身国家级节庆活动之列。

每年的文化旅游节都打出不同的主题，最热闹的当属绥来美食城，这里是中华餐饮名店、新疆名小吃、昌吉州名小吃的汇聚之地，平时就是游客的打卡之地。那口直径约 10 米的天下第一锅，稳稳当当地摆在园内。千鸡宴、万鱼宴、千只螃蟹宴，以玛纳斯萨福克羊做出的百羊宴，特色大锅抓饭，吸引无数游客来免费品尝。

而一个接一个的玉石摊位前，则迎来了一波又一波客流。人们拿起碧玉手镯左看右看，阳光之下，碧玉的高贵和典雅，令人心动。

天山北麓葡萄酒风情街

没有吃过馕,不算到过新疆。在新疆,谁会对一块香喷喷的热馕无动于衷呢?一块热馕下肚,情绪中的欢乐因子就开始跳舞。

昌吉馕品种繁多,进而衍生出各种花式吃法,可谓万物皆可配馕。那它能与红酒搭配享用吗?如此混搭,光是想想都觉得颠覆。也许红酒和馕会同时说不,但那些在同一条风情街上并肩而立的各色时尚餐饮,正积极探寻着相互联姻的可能。

走近天山北麓葡萄酒风情街,禁不住停下脚步,欣赏它绚彩的外观,自由,奔放,热烈,像彩虹,像万花筒,像丹霞,"风情"二字就应该如此演绎。

天山北麓葡萄酒风情街 昌吉州文旅局/供图

天山北麓葡萄酒风情街于2022年8月8日正式对外营业，坐落于昌吉国家农业科技园区核心区域恒铭广场，主街区位于绿洲北路与文化路交叉口东北60米处，其前身为馕产业文旅小镇。这条长达450米的L形街区，融合了昌吉美食街与天山北麓葡萄酒风情街两大特色区域，独具汉唐建筑之韵。其透光屋脊设计巧妙，实现室内外空间的和谐统一，无论是购物、用餐还是游览，都能尽享舒适体验，不受天气与季节的束缚。街区内始终弥漫着宁静祥和的氛围，让人流连忘返。

这里不单单是美食与购物的胜地，更是葡萄酒文化传承与发展的重要阵地。

昌吉美食街汇聚了烤馕、抓饭等经典庭州风味，与新潮特色美食交织成一幅独特的烟火画卷。黑橡木桌椅整齐排列于主街中央，尽显干净与典雅。顾客们围坐其间，有的沉醉于热气腾腾的丸子汤，有的静享片刻宁静，有的则悠然交谈。这幅画面令人望之安心。

新疆的葡萄酒产业，跻身其十大产业之列，尤其在天山北麓，这一产业带绵延百余公里，占据全疆产能的40%。这里，每年产出5.2万吨葡萄原酒，成为全国葡萄酒供应的重要基地。高海拔、冰川雪水的滋养、超过2800小时的日照、粒质沙壤土与光热资源的完美结合，共同孕育了品质卓越的葡萄酒。

处于北纬44°世界酿酒葡萄种植黄金带的昌吉州，是众多知名葡萄酒酒企汇聚的明星产区。尼雅、西域品牌葡萄酒，率先获得"国家生态原产地保护"认证，开创新疆葡萄酒企业先河。天山北麓的葡萄酒，在中国及国际舞台上屡获殊荣，斩获500

余项荣誉,为产区赢得了世界性的关注,其中印象戈壁酒庄的"垂木伯尔赤霞珠干红"与唐庭霞露酒庄的"北庭赤霞珠干红",无疑是红葡萄酒中的璀璨明珠。

天山北麓葡萄酒风情街,是全疆目前唯一一个大型的昌吉州葡萄酒对外宣传展示窗口,如一座微缩的葡萄酒文化大观园,这个3A级旅游景区已然成为昌吉市地标性网红打卡地。

漫步其间,不仅能感受到其独特的氛围,还能深入了解到背后强大的葡萄酒产业支撑。在这里,葡萄酒的故事与风情街的魅力相互交融,编织出一幅独特的画卷。那矗立或者横放着的巨大酒瓶装饰,仿佛缓缓释放着葡萄酒的香醇,让人不禁想起陆游的诗句:如倾潋潋葡萄酒,似拥重重貂鼠裘。

带走一瓶天山北麓葡萄酒吧,其醇厚的果香与单宁的精致交织,预示着一段醉人的美好时光。

霍家大院:穿越时空而来

霍家大院在斜街存在了很久,可能它自己也没想过,待着待着,就成了历史遗存和历史见证,为人珍爱,受人保护。

它让斜街那段久远的历史,从东三县的传说和吉木萨尔县志中走出来,摊在阳光下晾晒。它也以自己独特的气息,验证着一个真相:历史和文化以日常的姿态,生生不息地流传。

清光绪二十八年(1902),吉木萨尔县设县,定名为孚远县。孚远城位于现今的吉木萨尔县城老城区。2007年初,吉木萨尔县政府开始实施历史文化名城的保护性工作，拆除了依墙而建的民居，露出孚远城城墙，并恢复了部分城墙。斜街现为自治区历史文化街区，位于吉木萨尔县中心城区内文明路南北两侧，核心保护范围面积 1.81 公顷，建设控制地带面积 5.68 公顷。

站在斜街往北看，气宇轩昂的孚远城楼便映入眼帘。尤其是夜间，暖黄的灯光勾勒出孚远城楼的轮廓，整个街道古色古香，让人不禁怀想它拥抱过的久远记忆。

在孚远城时期，斜街往东直连奇台，是东路各县人民来往省城迪化（今乌鲁木齐）必经之地。由于社会秩序日益安定，津晋

霍家大院内景

陕甘川渝的各省移民和商人接踵而来，在这里汇聚起人间烟火。各类店铺生意兴旺，为人们提供了吃饭、喝茶、聊天、住宿的便利，受到过往旅客和当地居民的喜欢，多元化的文化氛围在人们日复一日的走动中，刻在了斜街的历史里。

如今很多遗址已消失不存，保留下来的有霍家老宅、陈家老宅、王家老宅和雷家门头等，在拆的拆、坏的坏的历史宿命中，它们得以保存，虽历经百年风雨剥蚀，于衰败中犹存生机，不失当年壮观。人们能与之邂逅于今时，实在是一种奇迹。

当时斜街中，较有名气的商号之一就是霍登科、霍登甲二人开设的"复盛源"商号，经营中药、百货、土特产，并在今天的城镇苇湖南巷开设油坊、粉坊、醋酱坊。能干的霍家人，盖起了霍家大院。

霍家大院位于斜街以南苇湖巷内，属于晚清至民国建筑，回廊式木框架结构。在老建筑的基础上进行修缮和保护，是吉木萨尔县自汉、唐、宋、元、明、清历代建筑史沿袭发展至今的历史实物见证。这座大院不仅是霍家人的骄傲，更是整个县城的历史见证。

走进这座大院，仿佛穿越了时光隧道，回到了那个质朴的年代。

霍家大院，东西长27米，南北长22米。这座老宅以飞檐结构、格门窗格、原木立柱和横梁，以及椽子上方的芦苇草为特色，每一样都让人感受到岁月的痕迹。当你的目光从这些古朴的外观上掠过，内心深处必定会涌起一种难以言喻的情感。

老屋不大，承载着往昔的生活气息。竹篮、杆秤、马灯和油

带一本书去昌吉

霍家大院内景

灯等旧物件，缝纫机、太师椅、八仙桌和椅子等家具，以及纸糊的窗户和挂在墙上的黄布包等，每一个物件都充满了故事。云朵造型的挑梁头部、木门上的铁环和销子、用麦秸抹的墙皮以及倚墙而立的磨盘等细节，更是将老屋的历史韵味展现得淋漓尽致。

斜街文化历史街区，属于吉木萨尔县文化产业的核心地带，提供了一站式的旅游、购物服务。古色古香的街道，弥漫着浓厚的西域文化、丝路文化和民俗文化。这里的古风遗韵、特色美食、民风客栈都是旅行中的迷人元素。

一座老宅见证了时间的流转，也见证了一代代人的生活变迁。霍家大院承载的过去、现在和将来，都是故事，都是传奇。

CHAPTER 12
带你转转博物馆

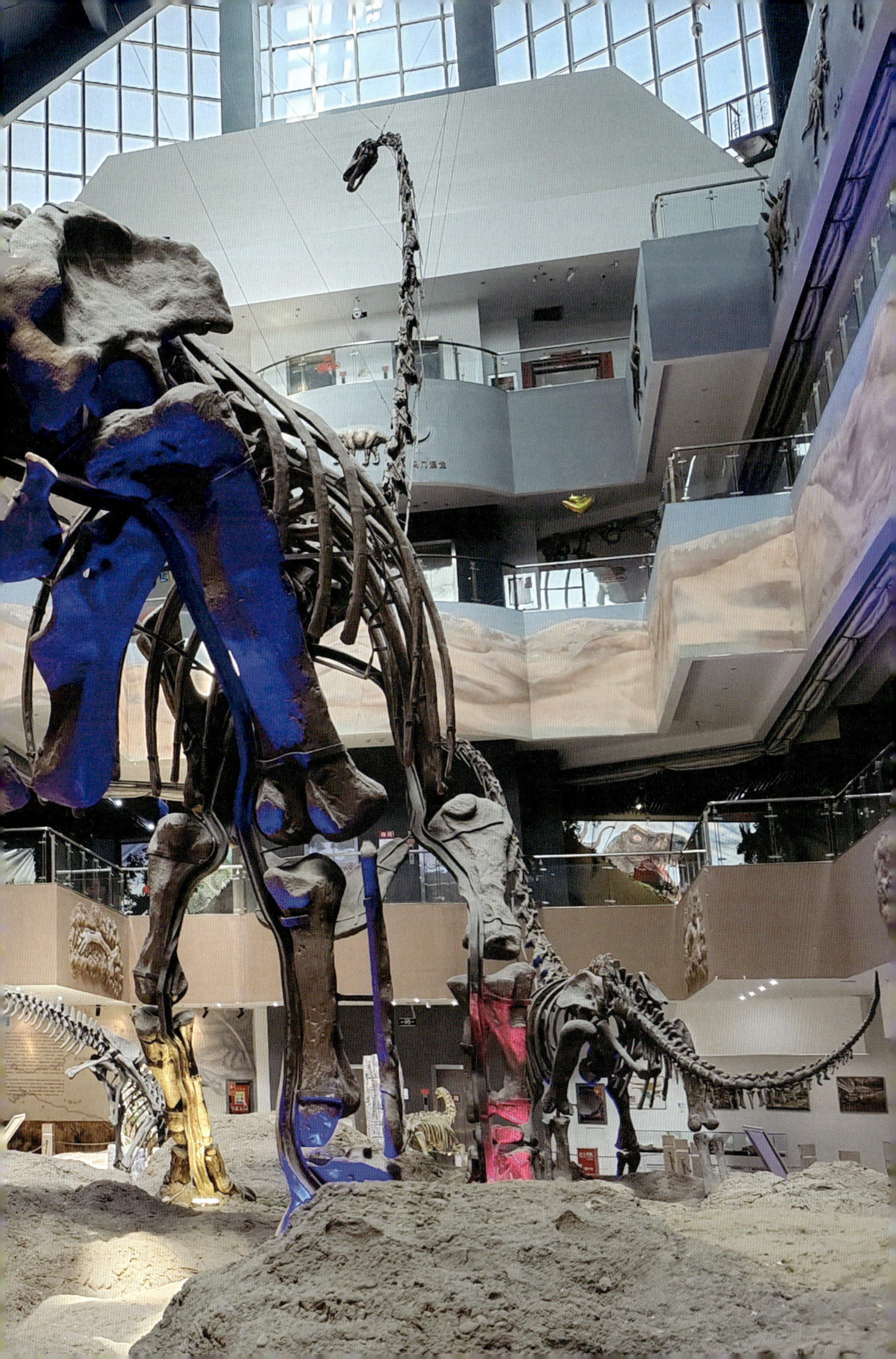

■带一本书去昌吉

昌吉博物馆

  有一种蓝,叫昌吉蓝。它特别醉人,清澈而又深邃。站在高耸庄重的昌吉博物馆前,仰望"昌吉博物馆"五个大字时,昌吉蓝便同时在视野中绽放。这蓝,照耀了千古,仍旧诗意焕然,它照耀着保护和传承人类文明的博物馆,令人不由浮想联翩。你会感受到,文明就像蓝天和大海一样,包容万物,恢弘大气,绚丽多彩,驳杂之后终归晴朗,交融之后则变得更加厚重丰富。你会觉得,这种蓝色,正是文明的底色。

  昌吉博物馆,位于昌吉市南公园西路127号,始建于1994年,后多次在原址基础上扩建,占地50.52亩,文物展示空间广阔,8299件(套)珍贵文物静静讲述着昌吉州的漫长历史及灿烂文化,它们见证了人类的历史与文明,既承载着传统,又照耀着未来。

昌吉博物馆 王锡军/摄

一件特别的展品是土尔扈特银印，这是清乾隆时期制作的。它呈方形，上面有一个虎形的钮，印身鋻刻着满文和蒙文，翻译过来就是"忠诚的土尔扈特部英勇之王"。

另一件令人瞩目的展品是双鱼纹铜镜，属金代制品。这面铜镜圆形平沿，中间有一个桥形的钮，钮的两侧铸有对称的双鲤鱼。无论是制作工艺，还是图案文化内涵，这面铜镜都给人带来无限想象。

"建修博克达山庙记"石碑，是该馆的镇馆之宝。虽然碑仅存碑额和右下角残缺的碑身，但非常珍贵。碑额雕刻着二龙戏珠的图案，碑身用楷书刻着 26 行"建修博克达山庙记"正文。碑文指出博克达山庙是清朝中央政权实施官主山川祭祀的一处山庙，实证了清政府对新疆的有效管理。

土尔扈特银印　　　　　　　　　　建修博克达山庙碑

■带一本书去昌吉

　　疆土广袤，山河锦绣，多宗教和谐共存，四大文明交相辉映，丝绸之路上的驼铃声声，这些元素共同描绘出一幅绚丽多彩的文化长卷。

　　丰富的文物凝结着古人的智慧，述说着西域历史文化的变迁和河西走廊的繁荣。一枚新石器时代的石叶，一个青铜时代昭示狗已经被驯化为狩猎放牧助手的陶狗，一块距今 4000 年左右刻有鹿纹的鹿石，以及具有坚毅神情的草原石人等珍贵展品，将遥远的光阴带到今天，将统一多民族国家的辉煌历程真实地呈现在世人面前。

博物馆展陈

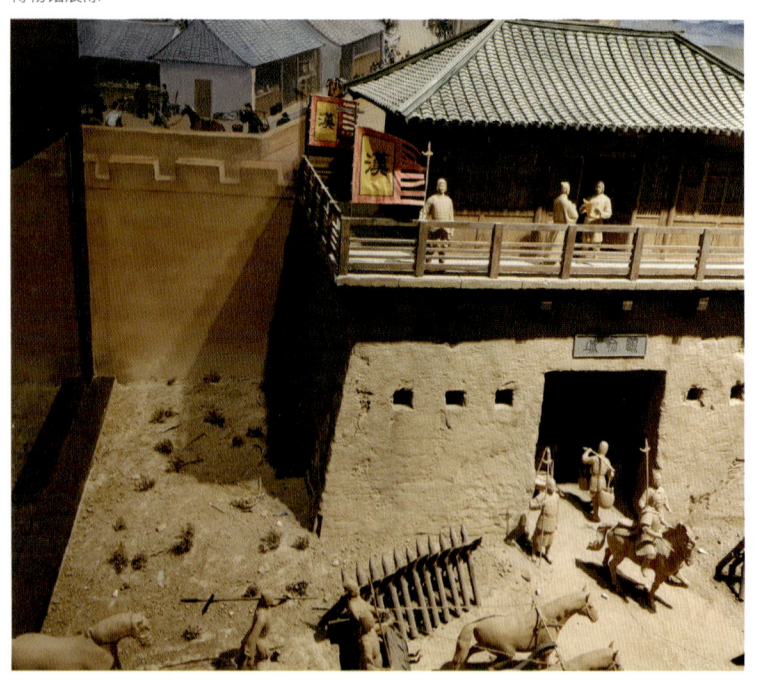

文物，是文明之瑰宝，它们让历史充满了细节的魅力，变得真切而有温度。

疏勒城保卫战的场景，北庭故城及西大寺、四道沟遗址、石城子遗址、唐朝墩古城等遗址复原模型，展现出一座城的前身及曾经激荡于新疆大地上的风云。声光电技术的使用，让康家石门子岩画中的美丽女子从屏幕深处翩然走出，中国最古老的女性神祇西王母仪态雍容，自高处俯瞰展厅。

昌吉博物馆是一座收藏、研究、展示、传播昌吉历史文化的综合博物馆，是自治区级爱国主义教育基地，昌吉州民族团结进步教育基地。现开放有基本陈列"丝绸之路天山廊道——昌吉历史文物展览"和专题陈列"新疆历史名人展"，并有与观众互动的"社会教育体验厅"，同时预留1020平方米临时展厅，不定期引进外展，丰富展出内容。

走进昌吉州博物馆，仿佛穿越时空的长河，踏入了一片古老而又充满智慧的领域。每一件展品都是一颗璀璨的星辰，是来自远古的呼唤。人们启智增识，只在那抬眼之间、颔首之际。

昌吉恐龙博物馆：排名世界第四的古生物博物馆

神秘的恐龙时代是一个令人着迷的话题。恐龙在地球上生活了长达1.5亿年，跨越三叠纪、侏罗纪和白垩纪，并成为今天许多物种的祖先，可谓地球上最成功、最引人注目的生物之一。每个时期都有不同的恐龙类型和生态环境，其生存时间之长，种类之丰富令人惊叹，其巨大的身形，怪异凶狠的样貌，都是超出想象的存在。

奇台县的将军戈壁有一处号称恐龙沟的地方，出土了亚洲第一、世界第二大中加马门溪龙化石。将骨骼化石以1∶1的比例复制而出的马门溪龙，骨架庞大震撼，仅脖子就长达到十几米。它是昌吉恐龙馆的镇馆之宝。

昌吉恐龙馆位于新疆昌吉市，是新疆首家古生物博物馆和唯一的恐龙主题博物馆，在全球古生物博物馆中排名第四。其建筑外形像一只正在爬行的甲龙，令人瞬间想起天山浅山地带那些耸立的青色山脊。它占地面积90亩，高39米，建筑面积近9000平方米。只有这样的高度和这样的面积，才能装得下那些身形庞大的恐龙骨架，才够空间摆放供游客近距离观察的仿真恐龙。

1927年，新疆第一次发现恐龙化石——奇台天山龙化石，它的出现揭开了恐龙时代在准噶尔盆地辉煌的神秘篇章。

在准噶尔盆地，曾成群结队地生活着苏氏巧龙、江氏单脊龙、戈壁克拉美丽龙、大型兽脚类恐龙中华盗龙、霸王龙的祖先五彩冠龙、难逃泥潭龙、当氏隐龙、准噶尔将军龙、灵巧简手龙等以及许多其他古生物。

随着越来越多的恐龙足迹、恐龙蛋和恐龙化石被发现，这片辽阔而荒凉的土地更显厚重与神秘。无数鲜为人知的生命故事曾在这里上演，无数古生物和恐龙的生命密码存留至今，那些未腐化的骨骼显示生命曾经的顽强与力量，不仅令人震撼，也提升了人们对广袤无垠的生态世界的认知，对生命的演化及多样性有更深入的理解和敬畏。

有震惊世界的西域肯氏兽化石。1963年，中科院古脊椎动物与古人类研究所考察队在准噶尔盆地三叠纪地层中挖掘到了一块长7米、宽2.2米、重10吨的岩块，上面保存了9个完整的小型爬行动物肯氏兽化石。它们又被称为"九龙壁"。

有中国最早发现的第一翼龙——魏氏准噶尔翼龙。该恐龙化石于1963年由新疆石油管理局科学研究所地层古生物考察队在准噶尔盆地发现并采集。这一重要发现填补了早白垩世翼龙演化发展的地史空白段，为全球翼龙动物群的演化生态及古地理研究提供了宝贵的资料。

每一个恐龙化石的发现，背后都有一段令人兴奋的故事。新疆的史前文化和生物挖掘、开发、利用、保护、展示、科考和科研等活动的研究交流区，也是一个国际会议交流区。在这里，游

■ 带一本书去昌吉

亚洲第一、世界第二大中加马门溪龙化石 1：1 复制 王锡军/摄

硅化木

带你转转博物馆

恐龙骨骼化石 王锡军/摄

恐龙栩栩如生

恐龙化石

恐龙化石

客通过观看图片展示，可以了解更多关于恐龙化石发现和挖掘的奇妙故事。

科普互动区设有 4D 影院、3D 影院，观看恐龙家族成员的生活场景，是一份难得的视听体验。

每年恐龙馆的科普教育联展活动，是假期研学游的打卡项目。以恐龙时代空中霸主翼龙为主题的"飞向白垩纪——中国翼龙化石展"的成功举办，极大满足了恐龙迷。

恐龙在神话中，在传说中，更是真实的存在。恐龙遗骸告诉世人，亿万年前，新疆曾是水草丰美、森林密集的野生动物乐园。

木垒博物馆：了解多元地域文化的窗口

木垒是个小县城，人口不到 10 万，但并不是个小地方，这座如今看起来美丽年轻的县城，3000 多年前，境内已有人烟生息，多元文化在这里交融共生，几千年来积累了深厚的文化底蕴。

开车走过占地 568 平方千米天山木垒中国农业公园后，将世上最好的形容词送给木垒，都觉得不足以表达自己的沉醉。它们是超越三千年的旱作农耕文化和草原文明历史的活态展示。而这一点，在进入博物馆后，驻足于木垒的地形沙盘模型前，由其大开大阖的美丽风光反向溯源，就能理解木垒为什么那样美，旅游资源为什么那样丰富，为什么它会成为一个多元文化交融共生之地。

木垒博物馆创建于 1987 年，是一家综合性国家三级博物馆，

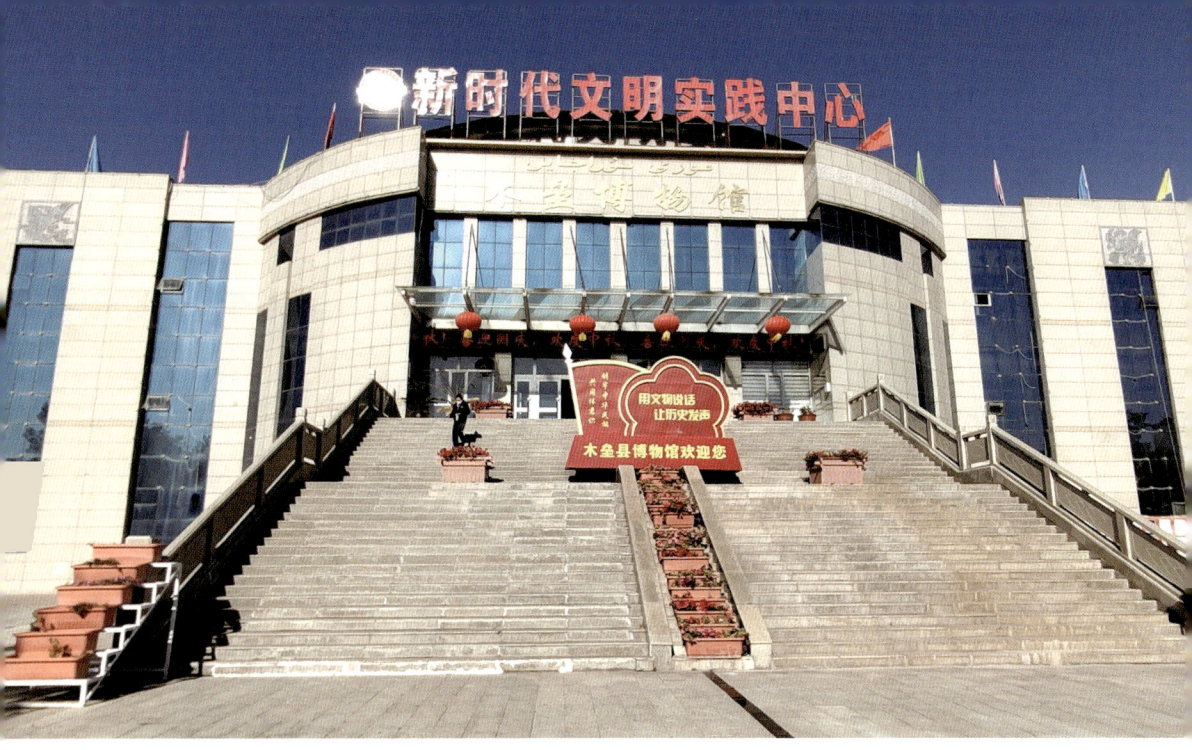

木垒博物馆

也是了解多元地域文化的窗口。它梳理、保存并收藏了一座县城的记忆和历程，从一块新石器时代的石核、石叶开始，从一处遗址的挖掘故事开始，从两千多枚历朝历代的货币开始，展现着木垒深厚迷人的历史。

木垒拥有悠久的绿洲农业文明历史。科学研究表明，早在距今3000年前后，天山南北的河谷绿洲，先后出现了旱作农业和绿洲农业。在木垒河流域的哈夏古尔沟、四道沟、水磨河、新户遗址，以及其他地点采集发现的多类型石锄、马鞍形石磨盘、祖柄石杵等，清晰地反映出历史上木垒地区农业生产的综合能力、技术水平和文化传承。木垒的农业之光，从未熄灭，史书中多有记载。汉廷在木垒屯垦戍边，唐代时木垒是北庭"十五"屯的主要屯地，清朝更是进行了规模化屯田，致田连阡陌、三季绚烂之盛景，极大地促进了木垒社会、商贸、文化的繁荣。

■带一本书去昌吉

双耳灰陶罐

草原石人（青铜时代）

铜泡 青铜时代 木垒干沟遗址出土

石碑刻

莲花纹方砖

双耳陶罐 西周时期
木垒四道沟遗址出土

木垒拥有悠久的草原游牧文明历史。研究证明，墓葬、岩画、居址、石人及出土的铜刀、砺石等器具，可能是塞种、蒲类、匈奴、车师、柔然等游牧民族在木垒留下的文化遗迹，实证着游牧先民的社会生活。多元文化交融的独特文化内核，成为木垒的魅力来源之一。那些大多以羊为主角的岩刻画，线条粗犷，雕刻夸张，令人印象深刻。公元前 4 世纪左右的草原石人，守护着石堆墓中人——也许是一位突厥可汗。

木垒是古丝绸之路北道之要冲。《魏略·西戎传》中，汉魏之际通畅的丝绸之路"北新道"，途经的"蒲陆国"即今日木垒。辽宋元明清时期，木垒不仅是丝绸之路天山廊道东西交通的关口，还是农耕民和游牧民南北交关的孔道。

木垒博物馆的钱币藏品在全新疆县级博物馆首屈一指。从不同墓葬出土了商周时期的贝币，战国时期的明刀，秦朝时期的半两，西汉新莽时期的大泉五十、货泉，"西域都护府"以来的汉代五铢钱，面文为满文的大清第一代货币"天命汗钱"等，揭示出历史上木垒与中原内地间紧密的政治、经济、文化联系。钱币发展的历史，也是丝绸之路经济文化的交往交流和融合的历史。出自于汉代的以"长命富贵""福德长寿""天下太平"等吉语为内容的"吉语钱"，向我们传达出先祖的生活情趣，更有温度，更见精神。

逐一看过细石器遗址和墓葬群遗址的出土文物，总会被其中一个惊到。细石器遗存石箭镞被摆成一个飞机形状，石叶被摆成一个张臂快乐的人形……对视的刹那，便完成了今天与过去的连接，这种感觉很奇妙。

CHAPTER 13

吃在昌吉州

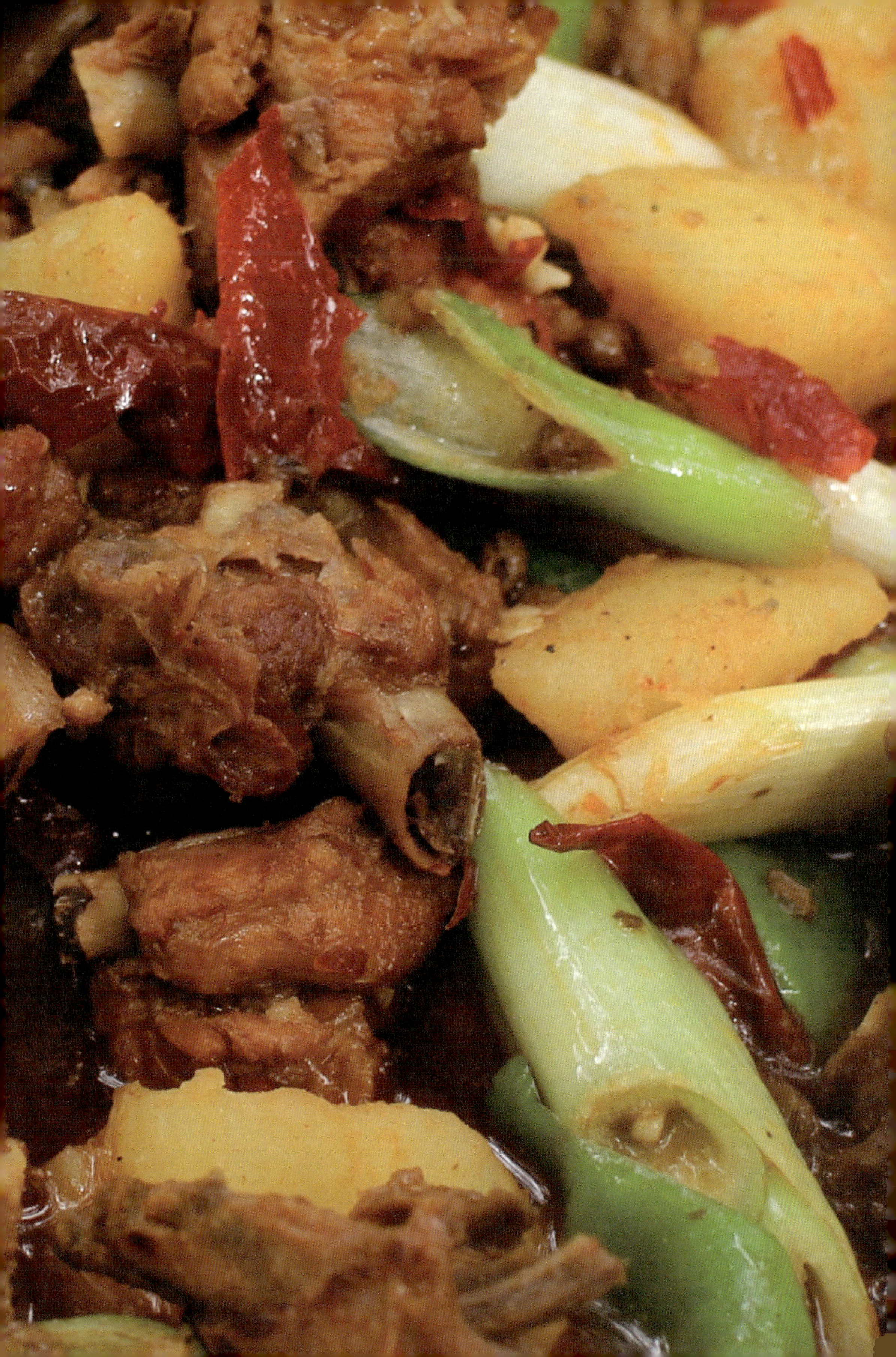

| 带一本书去昌吉

  昌吉拥有多样化、多元化、包容性强的新疆特色餐饮文化，美食荟萃，是中国"小吃之乡"。这里是面食主义者的天堂，也是肉食主义者的天堂。

敦厚的面食，肠胃的安慰

  昌吉是优质小麦的的故乡，面食花样繁多，拉条子、拉面、烤馕、刀巴子、蒸饼、油塔子、凉皮……一一盘点，都是种享受。

  "没有哪种美食像新疆拌面这样直抵人心。"这是一位内地游客说的话。新疆拌面俗称拉条子，是一种深受各族群众喜爱的风味饭食。可以说，每个新疆人都有一份拌面情结，就像四川人热爱火锅，甘肃人执着牛肉面，东北人爱着自己的小鸡炖蘑菇。奇台歌谣说："一天不吃拉条子，好像个霜打的蔫茄子。"

  以拉条子作主料，配以各种蔬菜，拌面的名字就可以无限多。辣皮子拌面、蘑菇拌面、韭菜拌面……可列出一长串。而菜单打头的永远是过油肉拌面，它价格最高，相对豪华。"过油肉"三字是重点，肉片量很大，入口油润鲜嫩。很多地方用羊肉，奇台则喜欢用牛肉。"奇台过油肉拌面"口碑极佳，昌吉拌面也是金字招牌。另外，不够吃，还能免费加面。这是新疆各处的不成文规矩，主打一个吃好吃饱。若将拉条子改刀，切成丁，加上蔬菜牛羊肉同炒，就变成了热辣入味的丁丁炒面。

  拉面的技艺已经成为一门传统的手艺。昌吉从不缺好的拉面师傅，不缺好吃的拉面。拉面师傅将面团抛打、拉制，最终成就了细而有劲道的面条,再加上浓郁的汤底和各种风味的配料,如牛肉、羊肉、番茄等,一碗香气扑鼻的拉面就诞生了。尤其是在寒冷的冬天,一碗热腾腾的拉面,更能激发出内心的温暖。

烤馕是各族人民喜爱的传统面食,所谓"可以一日无菜,不可以一日无馕",它已有两千多年的历史,被列入新疆维吾尔自治区第二批非物质文化遗产名录。

烤馕是一种面饼,多以小麦面为原料,辅之以芝麻、洋葱、鸡蛋、清油、酥油、牛奶、盐、糖等佐料烤制而成。家族十分庞大,有50多种,形状各异。烤馕的绝配是奶茶和肉汤。新鲜热馕很香,鲜少有人能抵挡得住先尝为快的冲动。

奇台过油肉拌面

带一本书去昌吉

烤馕

　　昌吉的油塔子是回族和维吾尔族等民族的独特饮食文化的代表，其制作需要精细的手艺和严格的选材。优质的面粉和炼好的羊油是关键，面粉的质地直接影响到成品的口感，而羊油的纯净度则决定了油塔子的香气。油塔子成塔状，出了蒸笼后，油亮生辉，香而不腻，常和丸子汤搭配着吃。

　　刀巴子和蒸饼，都是奇台县面食的代表。刀巴子就是馍馍，个大，豪放，带着鲜明的本地特色。

凉皮和炒米粉，虽说都不是新疆特产，但味道都堪称一绝，千万不可错过。用汤汁泡馕，连馕带汤一起吃，香辣厚实之味，过口难忘。这种吃法很新疆，很攒劲儿。

哈萨克族的包尔萨克，是一种油炸面食，酥中带甜，就着奶茶吃，满口留香。当早餐吃，一天都顺利。比如叫作巴哈利的蛋糕，内里包着核桃、杏仁等各种果仁，表面嵌着葡萄干，味道非常可口。

塔塔尔族也喜吃面食，早餐通常为各式自制的糕点。妇女们通常将面粉与蜂蜜、鸡蛋、砂糖、清油和在一起，放在烤盘上摊开，上面点缀核桃仁、杏仁及葡萄干，经火烤制好的糕点，味道香甜酥松。有一道传统点心叫喀拉阔孜，面块中点一团果酱，再折叠起来，烤熟之后香润可口。汉语意为"黑眼睛"，令人印象深刻。

在昌吉，面食已经超越了食物本身的含义，成了一种文化的象征。它们承载着新疆人民的智慧和勤劳，也传递着这片土地上的历史和文化。

肉之盛宴，肉之豪迈

新疆人爱说："趁着牙齿好，你要多吃肉。"

大口吃肉的人最真诚、最豪迈。所以，昌吉人脸上写的就是一个厚道。走一趟昌吉，羊肉有100种吃法，鸡肉有千姿百味，马肉就是冬天的传奇。烤、炖、炒、烤、蒸、焖、熏、腌，这不光看技术，还靠一份智慧。年年月月，肉装点了餐桌的繁华和霸气，扎扎实实的烟火气，暖暖地包裹住热爱生活的心灵。

就像作家王族所说：在新疆所有的肉类中，羊肉的做法最多，它既可高贵到烤全羊那样的高度，又可以普通到像路边摊位的烤羊肉串、羊杂碎汤一样的普通。

锅里炖出的风味羊肉，有清炖羊肉、纳仁、胡辣羊蹄、羊杂碎等。到哈萨克人家里做客，清炖羊肉、纳仁都是桌上的主角，主打一个原汁原味，它们都叫手抓肉，熬煮过程中要不断地"扬"汤，这是保证肉质鲜美的关键。纳仁，通常用现宰的12块连骨羊肉，加上燎洗干净的羊头一起煮。汤内只放盐，保持了肉原本的鲜与香。肉取出后，将面条或面片放入肉汁汤煮。装盘时，面条在下，肉在上。吃纳仁，吃的就是一个特别的草原风味。那原始的鲜美，相当撩人。

胡辣羊蹄是维吾尔族、回族人烹制的传统美食，农贸市场、街头巷尾和夜市上，都可看到。出锅的羊蹄色泽鲜亮、香辣浓郁、滑嫩不腻。

烤肉在中国已有1800多年的历史。新疆的烤肉风味独具、肥香热辣。

烤羊肉串吃法最简单，一个铁槽子，一盆切成片的羊肉，一把炭火，一把铁签子，一撮精盐、孜然粉和辣椒粉，一个不用大声吆喝的维吾尔族男人，就成就了最亲民、最美味的小吃。烤制好的羊肉串，又热又嫩，几块瘦肉中夹着一块焦黄的肥肉，咬一口，滋滋冒油，肉汁香爆个满口。木垒烧烤一向很有名，红柳枝烤羊肉深刻诠释了什么叫"原汁原味"。

馕坑肉，是烤肉中的"巨无霸"。放在馕坑里，用烤馕后剩下的余碳焖熟。因为如此，羊肉中的水分被很好地锁住。味蕾被浓郁的肉香征服，就是瞬间的事情。

烤全羊大名鼎鼎，在高级宴席或聚餐活动中，它都是重头戏。选上好羯羊是关键，羯羊是已阉割的公羊。烤制前，需要将蛋黄、盐水、黄姜、孜然粉、胡椒粉、面粉调成糊状汁，均匀地涂抹在羊的全身，然后用一根钉有铁钉的木棍，贯穿头尾，以便烤制期间不停地翻动全羊。在密封焖烤一小时左右后，羊身表面焦黄发脆，内里肉绵软鲜嫩，香味扑鼻。待烤好的全羊头系红绸，嘴含青菜，被摆放在餐桌上，一种满满的仪式感，将味蕾享受推向极致。

在昌吉，羊肉的风头再盛，也盖不住新疆大盘鸡，它是新疆第一大美食名片。不分民族、不分男女，活色生香的大盘鸡都是心尖上的那一口。品过浓香滑嫩鸡肉，再加一份皮带面，皮带面裹上浓郁汤汁后劲道香醇，那才是碳水的极致快乐。

椒麻鸡，是新疆昌吉回族的一道传统小吃。清香四溢，吃起来麻而不木，辣而不上火。吃完椒麻鸡，嘴巴颤一颤。而悠长的回味才是椒麻鸡的销魂术。

不得不说，生活在昌吉，便有了见识熏马肉和熏马肠的机会。熏马肉和熏马肠是哈萨克族人的独特美食，已有几百年的历史。每年秋末，是哈萨克族人的冬宰，他们挑出一些膘肥体壮的马，宰后腌制熏干。熏马肉和熏马肠香味浓郁、耐贮藏，可爆炒、红烧、凉拌、清蒸。

知味停车，闻香下马。到了昌吉，循着肉香，你就到了美食的故乡。

■ 带一本书去昌吉

清煮羊羔肉

架子肉

红柳烤肉

烤全羊

米面肉的嘉年华

在昌吉人的餐桌上，米、面、肉三大主食的组合，展现出了无限的可能性。

大米和羊肉被玩到极致的美食，除了手抓饭，世上再没有第二个。手抓饭是维吾尔族的传统美食，其历史可以追溯到一千多年前，如今是待客的必备佳肴。

手抓饭的主要食材是羊肉、胡萝卜、洋葱、羊油和大米。羊肉的鲜美、胡萝卜的清甜、洋葱的香辣和大米的绵软相互融合，成就了手抓饭的独特口感和丰富的营养价值。加入葡萄干、杏干、桃干等干果，可成甜抓饭，加入鹰嘴豆，便打上了木垒的标签，成了特色素抓饭。

面与肉组合出的美食，举不胜举。包子、饺子、曲曲、过油肉拌面、羊肉焖饼、大盘土鸡炖芋芋，有一个算一个，都是味蕾的最深记忆，是奠定昌吉"小吃之乡"美名的功臣。

包子的诱惑谁也抵挡不了。新疆包子界的"扛把子"有两个，一是烤包子，一是薄皮包子，营养价值高，为维吾尔族独特食品，其烹饪方法在全国独树一帜。两种包子的馅料一样，羊肉碎末、洋葱、羊尾油丁、洋葱末、孜然粉、胡椒粉、精盐，再加少量的水搅拌而成。

烤包子在馕坑里烤制。出坑的烤包子，颜色金黄，外皮酥脆，内馅鲜嫩多汁，咬一口就会"爆汁"，香溢盈口，让人回味无穷。

用同样手法包成的包子，上蒸笼一蒸就成了薄皮包子。出笼的薄皮包子很是诱人，皮薄油亮，肉嫩油丰，香润可口。与抓饭搭配食用，成为昌吉的特色吃法。金黄大米上面放几个薄皮包子，是米面肉的大汇合，其味其色其香，妙不可言。

馕包肉，是一道香与营养无比扎实的美食，风味独特，是新疆美食文化的重要代表。馕包肉的制作过程虽然简单，但它的美味却让人难以抗拒。是把提前烧好的羊肉放在馕上，再浇上汤汁，放香菜和洋葱丝点缀。品尝这道菜，不仅可以感受到羊肉的鲜嫩和馕的韧劲，还能品味到浓郁的汤汁和香菜的清新。每一口都充满了层次感和丰富的味道，让人难以忘怀。

羊肉焖饼也不简单，与馕包肉一起，在2018年9月被评为"中国菜"之新疆十大经典名菜。这道菜在新疆已经有200多年的历史。相传纪晓岚被流放新疆途经巴里坤时，巴里坤县令派人以羊肉焖饼招待以示盛情，纪晓岚吃完大喜，常向人推荐，这道菜便开始走上了经典菜肴之路。这道菜的灵魂，似乎是饼子。每张饼子像纸一样薄，须一张一张抹上清油，待肉块烧熟时，将饼子摊放在肉上以中火煮蒸。等端上桌来，薄饼已与羊肉融合得丝丝入扣，美味无比。任何时候，面与肉都不会相互辜负，正如羊肉焖饼诠释的那样。

米肠子与面肺子是利用羊的肺和肠为外衣制作的一道名馔佳肴，制作过程虽然繁琐，但每一个步骤都充满了匠心。它们像一对孪生兄弟，总是同时出现在小吃摊上，深受维吾尔族、回族等少数民族群众的喜爱。每一个到昌吉旅游的人，都会被这种独特的美食吸引。它们为新疆独有，别处无法复制。

土鸡炖芋芋，是地道的昌吉美食。昌吉盛产土豆，有最好的面粉，诞生出土鸡炖芋芋这种美食，是必然的事情。"芋芋子"

手抓饭

烤包子（一）

烤包子（二）

是洋芋的另类吃法，是蒸熟的土豆去皮压碎后与少许面粉掺拌，撮成小鱼条状，煮熟后加到红烧土鸡中。"芋芋子"和土鸡炖在一起后，吸满了汤汁，Q弹筋道，味道香醇。

　　自古至今，昌吉就是这样，以自己的方式传承和发扬着美食文化，上演着一代又一代以米面肉为主角的美食嘉年华，书写着各美其美、美美与共的食物哲学。

CHAPTER 14

这里是物产富饶
的地方

丰收在即

■带一本书去昌吉

玛纳斯碧玉：深藏不露的华美

那条崎岖险峻的山路，通向一个冰雪覆盖的峡谷，那里时而下雨，时而下雪，是岩羊和雪鸡出没的地方。当哈力亚斯哈尔·努尔别克阿吉老人停下脚步，点点头，将石头上的青苔轻轻拨开时，勘探队队员们都惊呆了，这正是他们要找到的石头——玛纳斯碧玉。

这是1973年8月的一天。在清政府关闭了"官办绿玉厂"后，沉睡了近两百年的玛纳斯玉石矿再见天光，重新开采。玛纳斯县里建起了玛纳斯玉石厂，成立玉雕厂，玛纳斯碧玉制品就此走入了当代人的视野。1986年第六届全国工艺品百花奖展览期间，玛纳斯碧玉制品《石刻聚珍图》喜拔头筹，这块美玉重达千斤，赢得了极高关注。

在中华文明的历史长河中，玉器一直占据着重要的地位。其中，碧玉因其独特的颜色和质地，深受喜爱。新疆自古就以出产优质的碧玉而闻名。

清乾隆时期是我国玉器史上最繁荣的时代，玉文化得到了空前的发展。这一时期，玛纳斯碧玉横空出世，成为宫廷玉器制作的宠儿，被广泛用于制作玉器，其工艺之精湛、创意之独特、雕刻之精美，都达到了前所未有的高度。

在清宫的记载中，玛纳斯碧玉也叫绿玉、碧玉、子玉、礓玉、菜玉等，乾隆喜爱玛纳斯玉，对绿玉评价甚高，有"绿玉稀深绿，斯珍果伟珍"的诗句。玛纳斯碧玉呈现出浓郁的菠菜绿色，其含透闪石的比例高达90%以上。这种浓重的颜色和庄重的色相，

这里是物产富饶的地方

特别适合雕刻成大件的山水摆件或厚重古朴的器皿。在那个时代，大禹治水玉山子、仿古百兽纹豆、碧玉五老图笔筒等脍炙人口的经典玉器，皆为宫廷珍品。

清代玉工工艺纯熟，创意非凡，把诗赋、书法、雕刻、绘画等多种艺术元素，应用到玉器设计制作之中，巧妙运用阴线、阳线、圆雕、浮雕、镂雕、俏色等多种传统技艺，还把中原文化精华与西域文化精华，融合于玉器制作加工工艺中，可谓集历代玉器风格之大成，有鲜明的时代特点和较高的艺术造诣。

2014年8月，故宫博物院举办了名为"故宫博物院藏清代

玛纳斯碧玉

碧玉器与玛纳斯"的展览。在这场展览中，共展出了110件(套)清代碧玉器。这些碧玉器涵盖了陈设器、日用器、文玩佩饰等多个方面，包括山子、插屏、花插、碗、盘、杯、盒、笔筒、水丞、笔洗、扳指、香囊、尊、觥、觚、壶等各种器型。

这些精美的碧玉器不仅仅是艺术品，更是匠人智慧和努力的结晶。它们见证了我们的历史，承载着我们的文化记忆，代表着一种古典的美，一种优雅的品质，一种传承了千年的文化精髓。

作为中国国家地理标志产品，玛纳斯碧玉被广泛应用在首饰、玉雕、家具等领域，成为人们生活中的一部分，传递着优雅、高贵的气息。

当人们凝视着一块玛纳斯碧玉时，仿佛能够感受到大自然的神奇力量和生命的韵律，它一边传承着深厚的文化属性，一边诉说属于我们的故事。

奇台面粉：雪域的馈赠

北纬45°，是世界公认的优质小麦气候带。古城奇台，便是一处天赐福地，自古就被誉为"新疆粮仓"，也是"全国优质小麦之乡"。

这里日照充足，气候凉爽，土壤肥沃，工业污染少，在天然灌溉体系九条河流的加持下，将优势作物小麦的生产发展到极致。年种植小麦面积达百万亩左右。出产的小麦皮薄、肉厚、质白、颗粒饱满，前人评其"午时花开，得阳气，面极黏濡柔软，色白而味甘，食之养人"。

奇台县城坐落在天山北麓的县城，历史上曾与哈密、乌鲁木齐、伊犁齐名，并称新疆四大商业都会，它不仅有着丰富的历史与文化，更有着丰饶的物产。奇台民谣有云："古城三件宝，麦子、洋芋、烧娃子（白酒）。"到了丰收灿烂的8月，在那些云朵栖息的村庄，麦子田田，闪烁着诱人的光芒，风中飘着金黄的麦香。每一个奇台麦客都在吟唱：麦子啊，亲爱的麦子。

据考古记载，奇台在4000年前就有了小麦栽培。清乾隆时期大规模开荒屯田，开始小麦的大面积种植，就此逐步发展为粮食生产、加工、交易发达的贸易重镇。

好面来源于优质小麦。清末起，奇台面粉便销往全疆各地。

2008年被选为北京奥运会专用面粉。如今，更以其卓越的品质和口感，成为全国首个面粉类国家地理标志产品示范样本。

奇台县则当仁不让地发展为全疆最大的面粉生产加工基地。荞麦粉、青稞粉、黑小麦粉、白小麦粉、拉条子粉、面包粉、饺子粉、麦芯粉、全麦粉、打馕粉、牛肉面粉、烧麦粉、饺子粉、馒头粉……令人眼花缭乱的面粉品种，令消费者在多元的选择面前，购买到一份踏实与放心。

作为这片土地的骄傲和金字招牌，奇台面粉晶莹润如雪，麦

奇台面粉

香浓郁，绿色有机，蛋白质、氨基酸、面筋质含量和延伸度居于全国之首，含有多种活性物质，营养价值很高。经国家农副产品质量监督检验中心（新疆）检测，面筋质达 35.2%，远高于其他地区，是一款可以吹出气球的面粉。

奇台面粉聚土地能量，吸日月精华，其醇厚味道将日常生活与历史、文化、地理紧密相连，每一个奇台人，都有一段关于奇台面粉的美好记忆和深深的情感寄托。多年经营，奇台面粉树立了绿色、天然、无公害的良好形象，赢得了消费者的信任。优质的奇台面粉正通过电商平台，销往全国各地，走进千家万户的餐桌。

面粉是小麦的精华，更是中国饮食文化的精髓。天下最好的面粉，造就了中华美食之乡——奇台，成就了那一道道令人难忘、花样百出的风味面食：拉条子、手工挂面、油果子、大锅盔、胡麻蒸饼、蒸馍馍……不管是哪种面食，烹饪出来都筋道有弹性，口感细腻顺滑。"三天不吃拉条子，身体就像打摆子"，奇台人对拉条子的热爱，正是对奇台面粉的最衷心赞美。奇台过油肉拌面，不光是当地的一张美食名片，更是新疆的一张美食名片。奇台手工拉面入选 2022 年第二批全国名特优新农产品名录。

每一道以奇台面粉为原料的美食，都展现了中国饮食文化的独特魅力和奇台人的创新精神。外地的游子回到家乡时，总会迫不及待地品尝一口那熟悉的味道，以解思乡之愁。

每一粒面粉，都是麦子的一次精彩蜕变。

每一道美食，都是面粉的一次华美转身。

每一口品尝，都是味蕾的一次倾情狂欢。

|带一本书去昌吉

木垒鹰嘴豆：一颗豆子的人生哲学

有一种天山奇豆，纯天然，无污染。因形状似雄鹰的尖喙，故名鹰嘴豆。

独特的地理位置，巨大的昼夜温差，常年干旱少雨，为鹰嘴豆准备了绿色的生长环境，这是木垒县向世人献上的珍贵礼物。木垒鹰嘴豆拥有"中国地理标志保护产品"称号，入选2022年第二批全国名特优新农产品名录。

鹰嘴豆，也叫桃豆、鸡豆、鸡心豆，属野豌豆族，属于世界第三大豆类。

新疆鹰嘴豆已有两千多年的种植历史，其历史可追溯到古代丝绸之路时期，当马帮和驼队穿越这片沙漠与绿洲，带来了各种文化和种子，鹰嘴豆也因此在这片土地上落地生根。

鹰嘴豆医药价值很高，可润肺、消炎、养颜、强骨、健胃。新疆维吾尔族同胞医用就有近两千年历史。它还是一种理想食品，含有丰富的蛋白质、多种维生素和矿物质，低糖低热量，成为健康食品家族的明星，是健身达人、超模们的餐盘常客。有人说，它比瓜子更好吃，还不用吐皮；它是粗粮中的粗粮，好吃没负担。

新疆人爱吃鹰嘴豆，烹饪方法多种多样。或煮或炒，或炖或烤，每一种方式都能展现出其独特的风味。烤鹰嘴豆是最好的小零食，无糖无油，低卡高蛋白。人们用鹰嘴豆来榨豆浆，抓饭、炖羊肉、凉皮子、鸡蛋、米粥中都会加鹰嘴豆，既增味又丰富了营养。

鹰嘴豆更是新疆维吾尔族人心中的宝物，他们称它为"诺胡提",无论主食还是零食都离不开它,家里来了客人,常摆一盘鹰嘴豆。因为在这片土地上,鹰嘴豆代表着丰收、团圆和幸福。

木垒县是鹰嘴豆的天堂,是中国最大的鹰嘴豆生产基地。木垒鹰嘴豆,优质绿色,声名远扬。鹰嘴豆面粉、鹰嘴豆粉、鹰嘴豆酥、鹰嘴豆营养粉、鹰嘴豆罐头、鹰嘴豆糕点等,都深受消费者欢迎。

每当春风吹过,鹰嘴豆便破土而出,翡翠般的豆苗上仿佛流淌着山泉的轻灵;夏季来临,豆荚犹如小小的绿色宝石,挂满了田野。到了丰收的秋季,成熟的鹰嘴豆微笑着迎来农民的笑脸。

鹰嘴豆以其高营养、高价值、高产量被誉为"黄金豆""珍珠果仁"。成熟后,鹰嘴豆走向餐桌,进入了能量的交换场,换一种方式延续它的生命旅程。

鹰嘴豆

■ 带一本书去昌吉

汇嘉星光夜市：写下"热爱生活"的情书

　　昌吉遍地美食，所有的新疆味道都能在这找到，它还有令人叫绝的昌吉味道，谁叫它是"美食文化之都"呢？

　　舌尖上的昌吉，从不会令人失望。也许在游客眼中，每一道菜就像待启的盲盒，但等在盲盒里的，永远是味蕾的惊喜。

　　有人说大吃大喝也是对生命的一种尊重，去汇嘉星光夜市，与亲朋好友共度一晚味觉的奇妙旅行，则是昌吉人将这种尊重发挥到极致的方式。

汇嘉星光夜市

汇嘉时代昌吉购物中心汇嘉星光夜市，占地面积一万平方米左右，是自治区夜间经济示范基地，位于昌吉市中山路汇嘉时代，毗邻昌吉市滨湖河景观带。在这里，可一站式吃到各种地道的新疆美食。它曾打造过全疆首家，也是唯一的璀璨灯光秀，其美好，其梦幻，一直为人津津乐道。

这个昌吉规模最大的夏日夜市，被百姓视为高品质"深夜食堂"打卡地。离开十几年的人，还会怀念那时在夜市上喝过的一杯西瓜汁。榨西瓜汁当然用的是昌吉市老龙河西瓜，它个大味甜，种植历史达千年以上，非常有名，是国家农产品地理标志保护产品。

冬季太长，因而夏秋两季的星光夜市，便格外受人珍爱。能近距离地享受高品质的夜间生活，想想都愉快。

昌吉的夜生活，由星光夜市带头点亮。即使是寻常的一天，只要星光夜市按下开始键，这个城市便拥有了一条流动的、璀璨的、香味弥漫的、人声鼎沸的河流。人们纷纷来到星光夜市，融入人潮，在各色霓虹招牌前驻足，变作一朵快乐的浪花，拍段视频上传抖音，与美食合照，发个朋友圈。连自己都说不清楚，为什么一到星光夜市，人就变得兴致勃勃，觉得生活美好，人间值得。

不愧是美食的集中营。想吃什么没有？这里汇聚了来自全国各地的千余种特色美食。烧烤类的馕坑肉、架子肉、烤鱼等；海鲜类的香辣小龙虾、铁板鱿鱼等；主食类的烤包子、凉面、抓饭等；果饮类的手工酸奶、雪花凉、西瓜汁、甜瓜果盘等。胡辣羊蹄、牛排、鸽子肉、椒麻鸡等等，眼睛看不过来，扳着手指数不过来。昌吉州的椒麻鸡是一绝，呼图壁有一家椒麻鸡，被评为国家级非遗，但其他店家的椒麻鸡味道也毫不逊色。地道昌吉口味的椒麻鸡，麻辣香鲜，有味蕾摇滚的风采，食后意犹未尽。

现场的新疆歌舞演出，散发着边城的独特风情；小朋友在彩虹桥上快乐地嬉笑。跳蚤市场上，干果、水果、饰品、文创等召唤着它的客人。市民与摊主讨价还价，三下两下便愉快地成交。

头顶一条璀璨的灯河，围桌而坐的年轻人笑颜灿烂，大块吃肉，大口喝酒；边拿着小餐盒、边捏着串边逛夜市的市民，眼角眉梢处皆笑意绽放。空气中飘着红乌苏中大麦芽和啤酒花的香味儿，音乐荡漾如水，昌吉的夜未饮先醉。

汇嘉时代购物商场营业到凌晨四点，那里面所有的商品都好像在发光。

美丽的汇嘉星光夜市，是一幅现实版的《清明上河图》。它如梦如幻，灯影暖黄，为人们写了一封又一封情书，主题为"热爱生活"。

去和好街吃木垒烧烤

和好街，在木垒县人民北路守静园对面，是木垒县的一条著名商业街。高大气派的牌坊正中写着"和好街"三字。和好街建于2013年，建筑面积30亩。大街两边店铺林立，涵盖娱乐、休闲、餐饮与购物。

这里，汇聚着许多老字号，门头上挂满美食金奖牌的烧烤店、海鲜自助火锅店、砂锅店、炖羊头羊蹄、川味炒菜、回民椒麻鸡

这里是物产富饶的地方

和好街

店和鱼宴等，都是食客们的心头好。此外，客栈、古玩玉器店、理发馆及各类名酒名茶店铺也一应俱全，店铺皆饰以彩绘，雕梁画栋，飞檐斗拱，古风雅韵，令人眼前一亮。

"木垒烧烤"是木垒的一张城市名片，享誉新疆，品尝木垒烧烤已成为新疆人的饮食风尚。在多元文化融合的木垒，游牧文化之间亦相互融合，这使得烤肉成了木垒美食的代表之一。哈萨克族、乌孜别克族、维吾尔族等，都擅长做烤肉，每当欢庆丰收和节日，"烤全羊"都是他们餐桌上的必备佳肴。

谁都知道木垒羊品质卓越，食用中草药，饮用碱滩水。煮熟的羊肉香气四溢，毫无膻味。传统的炭火烤制工艺，加上优质食材，成就了独具特色的"木垒烧烤"品牌。据统计，在高峰期，仅乌鲁木齐就有500家烧烤店以木垒羊为招牌。多少游客千里自驾奔向和好街，为的就是那一口正宗的馕坑肉和红柳羊肉串。

每当举办大型活动，诸如民间锅盔大赛、美食文化周，和好街便人头攒动，热闹非凡。县城、乡镇的居民纷纷赶赴和好街，就像赶大集一样。和好街的沸腾就是木垒的沸腾。选择在这个时候来到和好街，既能品尝美食，又能大开眼界。

在美食文化周上，新疆东部的各种烧烤美食齐聚一堂，其中最引人注目的当属烤全驼。一只重达350千克的骆驼经过长达6小时的烤制，呈现焦黄诱人的色泽，最后要借力于起重机，从深约3米的大馕坑中起吊出来。那场面让人惊叹不已，香味更令人垂涎。

游客们还有机会品尝到木垒烧烤大师的"石头烤全羊"，这道菜采用了创新的烹饪方式，将烤热的石头放置在整张羊皮包裹的肉中，再放进烤箱焖烤两小时。与传统的剥皮烤全羊相比，这道菜更具特色，肉质香嫩软糯，让人回味无穷。此外，现场还有馕坑肉、烤鱼、烤鸡蛋、烤鹅蛋、新疆三凉、椒麻鸡等美食供游客品尝。

一进入夏季，"和好街"的星光夜市，食客云集。市井长巷，聚拢来是烟火，摊开来是人间。不同语言、各色口音在这里汇成波光粼粼的河流。和好街的夜晚，在人们的美食狂欢中，充满了和气、喜气和生气。

"和好街"的对面是守静园。"守静园"三字取自《道德经》中的"致虚极，守静笃"。没有人愿意拒绝吉祥话语，它们拥有强大的积极暗示力量，就如同在"和好街"的星光夜市，品味过"木垒烧烤"之后，心灵和味蕾所感受到的和泰与舒畅。

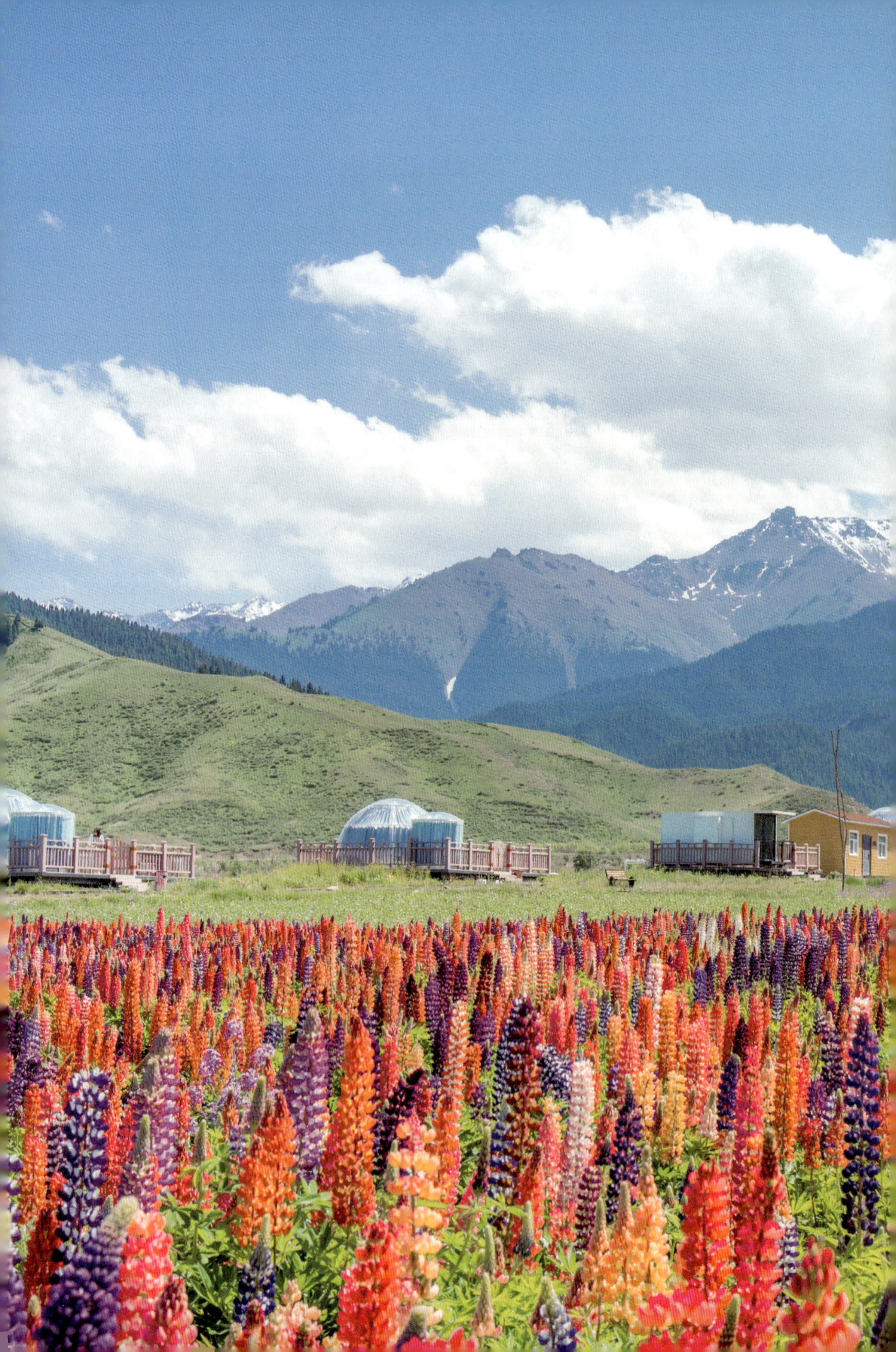

CHAPTER 15

夜晚的民宿静谧温馨

百花谷及星空营地 吉木萨尔县文旅局 / 供图

与肯斯瓦特水库面对面的红坑村精品民宿

走完百里丹霞风景道,如果对美丽的肯斯瓦特水库意犹未尽,入住红坑精品民宿区,会是明智的选择。

红坑精品民宿区集旅游、观光、休闲、食宿为一体,是乡村旅游线路上的一颗新晋明星,归属玛纳斯县清水河哈萨克族乡红坑村,吸引了疆内外游客前来打卡,并带动当地村民就业增收。在院落经营农家乐的,在红坑跳蚤市场摆摊,经营烧烤、玉石、饮料、餐饮、骑马的,都可能是红坑村的牧民。

红坑村发展乡村旅游,地理位置得天独厚。它位于美丽的肯斯瓦特水库对面,百里丹霞风景道穿村而过。

当 S101 线成为市民和游客竞相打卡的网红公路后,这座村庄成为网红打卡地,也就是顺理成章的事。它接住了热度高涨的乡村休闲游,捧出精品民宿,捧出农家乐、农特产品,只为让游客在体验非同一般的公路自驾游之后,有一处桃源般的住处安顿。

"红坑"二字简单直接,对应着"色如渥丹,灿若明霞"的丹霞地貌。进入村中,那一排排灰顶白墙、整齐划一的民宿即是精品民宿区。在这里品美食,赏美景,感受原生态的乡村生活,既消除身体疲劳,又缓解心灵亢奋。最后,红坑会以静谧的、童话般的纯净之夜送给游客一个安恬的美梦。

住在这里的理由还有一点——电影大片般的景致,举目即有,抬脚就到,越看越觉得梦幻。远处的坎苏瓦特五彩河谷,北面终年积雪的河源峰,壮美的自然景观令人沉醉。

更有意思的发现是,这个村庄卧于那片奇绝的丹霞山的左掌

夜晚的民宿静谧温馨

红坑村乡史馆

之上。本以为肯斯瓦特水库是美景的顶点，未曾想在接近它的一处河滩，便遇见了绝美景观。在 S101 省道 165 千米处，玛纳斯河突然一个 90° 拐弯，掉头向北，直奔玛纳斯湿地，留下一处深达百米的河谷滩地，正是这片雄阔、原始、平坦的河滩，留住了无数游客。而河谷的一岸便是那高峻绚烂的丹霞山体。这丹霞

■ 带一本书去昌吉

山体如一部地质奇书，色彩纷呈。大自然之手拒绝了超现实的狂草飞扬，而将杏黄、砖红、青绿等颜色依次刷在了山体上。那些在河边拍照、嬉水、听河的众多游客，远看微如蚂蚁。碧绿的玛纳斯河在阳光下波光粼粼，美得令人失语。

红坑村极美，春夏两季，更是游客的天堂。如洗的蓝天，皑皑雪峰，郁郁葱葱的云杉，漫山竞放的野花，蓝宝般的肯斯瓦特水库，牧民庭院中的辣子、豆角、茄子、西红柿和苹果树、桃树……美景如画，红坑村像个童话部落。

因为迷恋美景，入住红坑民宿的游客也很多，尤其到了周末，欢声笑语的红坑民宿，便成了一处让人忘却尘世烦扰的世外桃源。

夜幕降临，这片土地仿佛披上了一层梦幻的面纱，星星点点

红坑村民宿

的天空如同诗意的画卷。这时，适合踱步户外，听天籁之音轻轻吹拂耳际，看满天星光如玛河的歌唱，一秒梦回童年的纯净时光。

掩被熄灯，白日里那美妙壮阔的景色，绿色的河流喧响，肯斯瓦特水库的梦幻蓝，挂在观景亭角头上的一朵白云，瞬间如电影一般从心头闪过。而一夜酣睡之后，稠密的鸟鸣声推窗而入，红坑村又掀开了一页美妙的白天。

我见百花多妩媚：浸泡于花香之中的上九户村民宿

《鲁冰花》到底有何魅力？据说三岁的孩子在电视前听过这首歌，马上会哭着去找妈妈。孩子的表现为鲁冰花的花语增添了新的义项：母爱，幸福。

鲁冰花到底长什么样？请到百花谷来。

鲁冰花是一种很美的花，有很高的观赏价值，高可达70厘米，色彩缤纷，花型大而独特。上百朵蝶形小花层层叠叠盘绕于绿茎，形成美丽的花串，宛若精致的绣品，又宛如清丽的手摇风铃，散发着沁人心脾的香味。

每年的5月，百花谷景区的鲁冰花神采飞扬，与漫山遍野的花草一起，吟咏着生命之美，春光之盛。

百花谷位于吉木萨尔县泉子街镇上九户村。这里属逆温带气候，日夜温差大，气温偏低，为鲁冰花的生长提供了得天独厚的条件。铺天盖地的鲁冰花，让上九户村披上了彩衣。

泉子街镇，是块宝藏地方，坐拥车师古道、曹家山万亩旱田、

上九户村的年货节　于光明/摄

白杨河、吾塘沟众多景区。春日踏青，夏日避暑，秋日采摘，冬日滑雪，乡村主题游和美丽的四季配合得天衣无缝。而上九户村，是车师古道景区上行的重要节点，集游乐、赏花、餐饮、住宿于一体，为泉子街镇山区休闲度假旅游的一颗璀璨明珠。

一种花开是孤单，一百种花开即是盛典；一朵花开是寂寞，十万朵花开便是狂欢。

百花谷，乃花朵合唱之地，花朵无拘无束地自由生长之地。月亮看着花种发芽，又看着它们盛开如云。

海棠花率先敲响了 4 月的钟声，随着 5 月的来临，百花谷便进入了绚烂的花季，各路花仙袅娜现身，花香四溢，摇曳生姿，一直持续到 11 月初。

鲁冰花、兰香芥、冰岛虞美人、牡丹花、车矢菊、福禄考、金鱼草、翠菊等珍稀花卉携手本土的荞麦花、油菜花、大理花等，

夜晚的民宿静谧温馨

纷纷登场，每一枝都开得无比真诚，完美地释放着生命之光，装点山间田野。

蝴蝶轻舞，蜜蜂忙碌，而大地，则披着一袭五彩斑斓的锦衣，喜气洋洋。

群山如黛，阳光在花海中闪烁。无数游客寻花而来，他们沉浸于花海，沐浴着香氛，与鲜花亲密接触，将快乐笑脸和百花的倩影，定格为永恒。没有人能说清，与花朵亲密接触的时刻，心田为什么会变得那样纯净明朗。

百花谷的紫色花海　于光明／摄

■ 带一本书去昌吉

　　在上九户村，一朵鲁冰花仿佛成了一部乡村旅游册页的引子。海棠果采摘观光园，无公害绿色蔬菜采摘园，为游客们带来了寻宝般的乐趣，体验农事之美。泉子街镇村民们则汇聚于百花谷，展示自家特色产品，包括鲜蘑菇干、海棠果干、果丹皮、蜂蜜、花粉、苹果、酸奶、奶疙瘩、大蒜和土豆等。而农家乐主打的是农家味，散养的土鸡别提有多香。浓郁的乡土气息，如清风扑面，亲切温暖。

　　观景台、木栈道、凉棚、七彩滑道、网红大秋千，每一处都是滋生快乐的地方，每一处行走，都衣袖生香。

百花谷及星空营地 吉木萨尔县文旅局 / 供图

而上面这一切体验，都是为了夜晚而作铺垫。

在百花谷，时光放慢了脚步，喧嚣遁影无踪。它的夜晚花香弥漫，没有遮挡的天空缀满了闪闪的星斗。

房车营地、民宿、星空房，在青山之下，百花之傍，静待来客。星空房为独栋房，房内现代化设施齐全，室外还有小吊床。

百花谷的一朵花，百花谷的一颗星，也许会因一夜停留而长在心里。

以小麦之名等你：高品质的腰站子村民宿

在奇台县众多令人眼花缭乱的地名中，有一个地名让人过目难忘，那就是半截沟镇的腰站子村。

"腰站子"这三个字，乍看之下让人感到困惑，了解之后才知它蕴含着深厚的历史背景。腰站，指驿站的中间站，以便休息用餐或换马。也称腰顿。它是古驿站之名，当时又叫"四十里腰站子""四十里驿"，是历史上北天山著名的地理标志。

腰站子村，坐落于天山北麓，恰在奇台县城与江布拉克景区之间，距离奇台县城29千米，江布拉克景区仅18千米，因地理位置优越，历史底蕴深厚，无数游客奔它而来，并为之驻足，有时候，仅仅为吃一顿腰站子拌面。

来到腰站子，才发现村庄如此美丽而精致，令人惊艳。笔直的马路，漂亮的白墙灰瓦民居，福字铁门，文化广场上的鲜花绿草、凉亭木椅、健身器材，还有聊天纳凉的村民，都是"美丽乡村"的具象展示，如世外桃源。

当然，腰站子村作为古驿站的继承者，提供的不光有高品质的民宿，还有更多。村民用一粒麦子，开启了一页关于村庄蜕变的篇章。村庄用一粒麦子，书写了一部关于乡村振兴的传奇。

站在村庄的任何位置，都能感受到别样的气息。举头四望，只觉得高天阔地，时空辽远，足以游目骋怀，悠然自得，心中不禁萌生一种冲动，迈着轻盈的步伐，从农家庭院出发，一气儿走到村边麦田。而村边小路平心静气，守望着田园的美丽，千里耕桑一望宽。

腰站子村是优质小麦的丰产之地，有"全国优质小麦之乡"之美誉，拥有6000亩有机小麦基地，生产的面粉"可以吹气球"。走进它的小麦博物馆，便可看到琳琅满目的腰站子系列产品：有机面粉、富硒面粉、有机黑小麦面粉、有机手工拉面、红花籽油、有机杂粮等。同时了解关于小麦的起源与发展、形态特征、种植过程和营养价值等知识。耙、耧、簸箕等传统农具，印刻着过去的光荣岁月，很难不令人感念。

村史馆、游客接待中心、美食广场、特色民宿、麦田公园、有机农产品观光工厂，以及乡村振兴实训基地等旅游景点和设施，均以小麦为核心。告诉游客，小麦始终都是农业的主角，人们心中的宝贝。这些地方并不会让人觉得单调乏味，非常适合家庭游。大人们关注粮食、环境和吃住问题，而孩子们则参加非遗展演、乘坐观光小火车，以及与形态各异的稻草人嬉戏，尽享童趣。

腰站子村的民宿品质很高。一到节假日，便爆满，需要提前预订房间。尤其像1号民宿这样的州级精品民宿，如温暖的家，如高级的别墅，拥有金色木质房顶与地板，宽大的卫生间和眺望风景、静赏夕阳的露台。

腰站子村距奇台县约 30 千米，非常适合休闲自驾。为什么一定要吃在腰站子，住在腰站子？因为它以小麦之名，将自己变成了最美的村庄，将一页村庄史涂抹得金黄灿烂。

腰站子民宿

CHAPTER 16
智慧与活力在此绽放

哈萨克族刺绣 李天仁 / 摄

哈萨克族刺绣

当你看到一条瑰丽悦目、图案丰富的哈萨克花毡时，你一定在想，那些不同的图案都代表着什么呢？

也许你能认出云彩图案、梅花图案、树叶图案、太阳图案，但你能认出菱形图案代表什么，知道哈萨克人怎么称呼它，它又像什么吗？

答案是"包尔萨克"——哈萨克族的一种油炸美食。

哈萨克花毡一般以动物的角来比拟图案。当目光寻着那些颜色、那些图案看过去，会越看越有意思，不经意间折服于那大胆、夸张的色彩和丰富奇特的想象力。草原、云朵、鲜花、牛羊，都活了起来，浸润其中的坚韧乐观精神，在色彩中如歌声一般飞扬。

黑色代表大地和宽厚，蓝色代表天空和自由，白色代表纯洁和喜庆，绿色代表春天和青春，红色代表太阳和光明。在色彩的世界里，哈萨克人用刺绣语言述说着自己观照草原、观照生命的心灵史诗。

哈萨克族刺绣是哈萨克族古老的民间艺术之一，哈萨克语为"克叶斯铁"，是哈萨克族适应草原游牧生活的产物。刺绣题材广泛、内容丰富，与哈萨克族的生活息息相关，涉及衣食住行等各个方面，其构图紧凑规整，突出四边，纹样粗犷夸张，色彩艳丽和谐，刺绣方法奔放自如。花木、飞禽走兽以及大自然中的各种景物，一切美的东西皆可入"绣"。绣一朵花时，不光配上几片叶子，还会在旁边绣一些藤蔓，藤蔓末尾向外伸展，用以展现民族顽强的生命力。

哈萨克族刺绣 李天仁 / 摄

随意走进一个哈萨克族家庭，都能看到各种琳琅满目的绣品。上衣、裙子、鞋帽、帕包、被褥、枕头、挂毯、坐垫……都装点着美丽的刺绣。这些精湛绣品，不仅起到装饰作用，更是家庭富足的体现。花毡是哈萨克美化家庭的必备之物，是女孩出嫁前必须准备的嫁妆。花毡耗工很多，小一点的都要绣一年，所谓"千针万线绣花毡"，但制成品美观大方，结实耐用，可用十多年。

哈萨克刺绣主要分为毡绣和布绣。毡绣就是在毛毡上刺绣，布绣则是在布上刺绣。主要针法有锥针绣、平针绣、菱形绣、植绒绣、拼贴绣、珠子绣、钩针绣等。在代代相传的进程中，心灵手巧的哈萨克族绣娘不断改进刺绣技艺，创造出精美绝伦的手工绣品。

哈萨克刺绣是国家非物质文化遗产。从前，哈萨克族妇女人人都会刺绣。随着时代变迁，哈萨克刺绣从最初的家族传承，到现在已经走向了学校和刺绣合作社。行走于昌吉大地，猛然间会发现一个名叫"巴亚恩"的刺绣合作社，"巴亚恩"的哈萨克语意为"传承"。

木垒的"胡杨绣"，便是传承和创新的代表，是一种由哈萨克刺绣的针法与苏绣相融合形成的一种新绣法，绣品时尚、精细，使得档次和售价都得以提升，这种创新的尝试，保留了哈萨克刺绣的原有特色，又使之更加丰富和多元。

"歌谣和骏马是哈萨克人的两只翅膀，刺绣是哈萨克人心中放飞的理想。"这句哈萨克谚语之所以感人，是因为在传统文化传承中，女性的力量也受到了特别的珍视，她们是哈萨克族的骄傲，也是这个民族文化传承的重要力量。

新疆皮影戏

三尺生绡做戏台，
全凭十指逞诙谐。
有时明月灯窗下，
一笑还从掌握来。

皮影戏，又称"灯影戏"，是中国民间古老的传统艺术，已有两千多年的历史，最早的文字记载，见于《汉书》。它是以兽皮或纸板做成剪影，利用光源的照射，在隔亮布上演戏，融绘画、刻纸、说唱、戏曲于一体，被誉为中国传统文化的"活化石"。2011年，中国皮影戏入选世界人类非物质文化遗产代表作名录。

中国皮影戏分布极为广泛，派系众多。新疆皮影戏，则较多地保持着我国皮影戏的早期面貌，亦有着独特的西北风格。它是随着清代屯垦移民传入新疆的，从前在会馆、会所、庙会等场所可见表演，但很少见于文字记载，呼图壁、吉木萨尔县的皮影老艺人，曾传艺于皮影爱好者。

今天想看皮影戏，可到昌吉市文化中心，亦可随着表演剧团到各乡镇观看表演。

昌吉市是新疆皮影戏传承与创新的先锋。皮影戏能够传承千年，在不同地方落地开花，离不开皮影艺人的付出。而开创了新疆皮影的先河的，是自治区级非遗传承人朱新贵。他坚持传承与创新30年，将新疆元素融入传统皮影表演技艺中，并于2014年在昌吉市成立了"朱新贵新疆民间皮影艺术技能大师工作室"。

这是新疆第一家以培养皮影演出、制作、教学、成果转化的工作室。

新疆皮影戏以传统民间技艺皮影戏为载体。昔日皮影人物以新疆当地牛皮制成，经过精心的雕琢和绘制，造型粗犷古朴，线条简练，雕绘结合。现在朱新贵大师采用透亮度好、色泽鲜艳、创作成本低的PVC与赛璐珞新材质，为皮影艺术披上了一袭光影斑斓的新装。皮影人物不仅仅是戏剧表演的道具，也是民间工艺美术的杰作，是雕刻与绘画艺术的完美结合，每一件皮影都凝聚着手艺人的劳动与智慧。

新疆皮影戏故事内容和唱腔，都蕴含着丰富的新疆文化元素。既有经典的传统剧目，也有融入了现代元素、新疆本土文化特色的原创作品。《阿凡提的故事》《林则徐在昌吉》《情系阿什里》等30多种剧目，凝聚着皮影艺人的心血，用皮影戏讲述红色故事、禁毒宣传故事、税收故事，赋予皮影戏这种古老艺术以新的生命。

昌吉市文化馆定期举办皮影戏展演周、皮影进校园活动，每年深入学校、厂矿、农牧区基层为广大市民免费演出，也为皮影戏争取了存在空间。皮影艺人十指灵活挑挪，换人影、变人身，皮影小人横刀立马，腾云驾雾，跳着黑走马，弹着冬不拉……那简单的皮影道具，经过艺人的操控，仿佛拥有了生命。它们在戏台上翻飞、跳跃，演绎出一幕幕令人欢笑、感动的剧情。

非遗技艺需要传承，新疆皮影戏最好的存在状态，便是在生活中被大众看见。国歌词作者、著名剧作家田汉曾说："影子戏是我接触戏剧的起点。"皮影戏里的乾坤大挪移，在为孩子栽种美丽童话的同时，也许还在他们心里栽种了一颗艺术的种子。

智慧与活力在此绽放

皮影展示

学生看皮影戏（二）

剪纸艺术

说到剪纸，大家都不陌生。说到我国最早的剪纸实物出土于哪里，答案绝对令人意外。竟然是新疆吐鲁番古墓。

那是出自北朝的对马团花剪纸、对猴团花剪纸，距今1500余年。虽然新疆远离中原，但文化交流却跨越山川来到新疆。这些剪纸实物证明：从北朝至唐代，新疆的剪纸艺术出现了一个鼎盛时期。

时光摆渡了太多艺术灵感迸发的创作，虽然遗迹寥寥，但只要发现一处，便助我们想见当时的生活和社会侧影。艺术陶冶性情，装点生活的故事，从来都如花年年绽放。多少剪纸出自巧手，又有多少手艺在岁月里褪色，被换下变为尘土。但只是消逝，而非断流。

作为我国最古老的中国民间艺术之一，剪纸在文字中留下了不少惊艳的画面。

《史记》有关于"剪桐封弟"的故事，记述周成王姬诵用梧桐叶剪成玉圭图像，赠给他的弟弟姬虞。

唐诗《采胜》中"叶逐金刀出，花随玉指新"一句描述了唐代佳人的剪纸动作，她剪出了花鸟草虫和灵动时光。

清《保定府志》中记载了一个石女，天赋惊人："有巧思，与人接谈，袖中细剪春花秋菊，细草垂柳，罔不入神……"假如她生活在今天，一定会创作出令人惊叹的剪纸作品，并被更多人看到。

这些记载告诉人们，剪纸，不仅是一种艺术形式，更是一种心灵的表达，一种情感的传递。可以说，每一幅剪纸作品都是一段历史的记忆，一个文化的符号，一种情感的载体。

在新时代的光照中，剪纸从未远离生活。作为非遗，现代剪纸在昌吉州可谓遍地开花，二市五县，大到市，小到村，到处都可见剪纸作品展示。玛纳斯县凉州户镇吕家庄村，建成了昌吉州首个村级剪纸艺术馆。而每个市县的非遗传承人，都有自己的工作室，有自己的"绝活"。当然住进月亮地的主题客栈，也会遇见剪纸作品。

漫漫时光中，剪纸这一非遗瑰宝，传递着中华文化、思想与情感。它并不是重复性的劳动或传统纹样的复制，新时代、新气象为题材注入了开阔的创作空间。艺术家用一把剪刀和一张红纸驰骋创意，展现时代风貌和世界的丰富。有的传承人别出心裁，用一场旗袍秀让传统剪纸技艺华丽变身，还剪出了一件2.2米的尾羽曳地、尽显婀娜多姿的龙凤披风穿在身上展示，打破了剪纸

木垒剪纸展览 严萍/摄

玛纳斯史诗（作者：李风贤） 严萍/摄

作品贴在窗上、墙上的惯性思维。

传统的技艺无限支持着题材范围的开拓，与其他艺术作品一样，因为扎根新疆，剪纸在传承中路越走越宽，并拥有了独特的新疆"味道"。无论是宏大的新疆历史叙事，是新时代的建设成就，还是花鸟虫鱼的家常世界，一幅幅精美的剪纸作品充满了创新精神与智慧。

当视线跟着剪纸上线条游走之后，不禁为这一古老民间艺术在今日的发扬光大而欣慰不已。

火热的"六月六"庙会暨北庭民俗文化旅游节

人流如海，笑语喧哗。在每年农历六月六这个特别的日子里，一年一度的"六月六"庙会暨北庭民俗文化旅游节如约而至。

放眼吉木萨尔千佛洞景区，各式各样的灯笼、旗帜和彩带交织在一起，形成了一道道亮丽的风景线。琳琅满目的摊位前，人头攒动。空气中弥漫着美食的香气各种小贩的吆喝声，韵味十足的秦腔和新疆小曲子飘入耳中……身置如此生动的画卷之中，会觉得踏实又安心。

这种热闹由来已久。1917年，民国财政部官员谢彬路经吉木萨尔，亲历之后，记录于他的《新疆游记》，"数百里内外士女，皆来祈福禳灾。车水马龙，肩摩踵接，如是半月，岁以为恒。"

吉木萨尔人喜欢将"六月六"庙会挂在嘴边，更喜欢那年胜一年的热闹，他们是最接近地气，最亲近传统，开创并夯实生活地基的人。因而，这个古老的庙会，历经数百年，依旧保持着其

千佛古洞　昌吉州文旅局／供图

独特的魅力。

如今的"六月六"庙会,是北庭民俗文化旅游节的重头戏。也可以说,民俗旅游文化节是千佛洞"六月六"庙会的升级版。它不仅保留了庙会原有的传统韵味,更融入了现代旅游的元素,成为了一个集文化传承、旅游观光、商贸交流于一体的综合性盛会。每年以不同的主题,吸引着八方游客。

美食节,味蕾与文化的双重交响,汇聚众多国家及地区的逾百种特色佳肴。从朝鲜族炒年糕的软糯香甜,到蒙古烤肉大串的豪迈奔放;从巴西拉丁果的热带风情,到印度飞饼的轻盈飘逸,泰国榴莲酥的浓郁香甜……每一口都是地域文化的深情告白,引领食客穿梭于舌尖上的环球旅行。

此外,戏园子里秦腔高亢、新疆小曲悠扬,马戏、杂耍、社火热闹非凡,本土歌手倾情献唱,掌声连连,共绘一幅生动的市井画卷。非遗展览区,近距离欣赏剪纸、木雕、陶艺、蝶翅画……在 DIY 工坊里,亲手打造手工艺品或文创产品,体验一把别样乐趣。旅游纪念品琳琅满目,农副产品新鲜诱人,摊主们线上线下齐发力,直播带货热潮涌动,掀起一股红红火火的气氛,将人们带回久违的亲切之中。

热闹非凡的景象透出繁华与安康。而每一个游客,已于不经意间,在热闹的人群中成为热闹本身,在传统的光大中成为传统助力。

火热的"六月六"庙会暨北庭民俗文化旅游节,是一场民间传统文化荟萃的盛宴,其规模居全疆之首,它如一座桥梁,连接着过去与现在,使传统文化在现代社会中焕发出新的生机与活力。

千佛洞景区是国家 4A 级旅游风景区，距吉木萨尔县城约 5 千米。千佛洞已有 1000 多年历史，是天山以北保存至今的古代石窟之一，为新疆昌吉州重点文物保护单位、新疆非物质文化遗产传承基地。

与春天同在的纳吾鲁孜节

"纳吾鲁孜"意谓"幸福之日""伟大事业开始之日"，它指的是农历二十四节气中的春分。春分昼夜相等，被认为是辞旧迎新之良辰。纳吾鲁孜节，是迎接春天的节日。在昌吉州，它是哈萨克族、乌孜别克族、维吾尔族的共同节日。这个节是人们打开春天、迎接希望、祈祷幸福的方式。

纳吾鲁孜节是昌吉州非物质文化遗产名录项目。许多书中将这个节日翻译为"诺鲁孜节"，但生活在昌吉州的哈萨克族、乌孜别克族却坚持四音节，并在庆祝标语上写出"纳吾鲁孜节"。

各种充满仪式感的庆祝活动及节日传承的许多传统美德，共同构成了草原游牧民族独特的民俗文化。

妇女们会提前几天做奶疙瘩，将凝固后的牛奶切成小块，放入蓝色纱篮，挂在院子中通风晾晒。在纳吾鲁孜节的前一天，老人和孩子要穿上新衣服。大家庭中，人人动手出力，美化、净化居住环境。

过节当天，人们要早早起来准备美食。炸几锅包尔萨克，煮一大锅纳吾鲁孜饭，炖煮一大锅新鲜羊肉。家族中男女分工合作，配合得有条不紊。

纳吾鲁孜饭，是必吃的美食，各家各户都吃。纳吾鲁孜饭其实是一种粥，一般用水、大麦（敲碎）、小麦、盐、肉、红枣（或葡萄干、杏干）、酸奶酪七种原料制成。煮好的纳吾鲁孜饭香味扑鼻，咸淡适宜，营养丰富。

做纳吾鲁孜饭，原料讲究，原料的数量更讲究，必须是七种。据说，对于哈萨克族、乌孜别克族、维吾尔族等民族，"七"是个吉数。七种原料象征着幸福、健康、成功、平安、富裕、成长和上天的庇护。

以前做"纳吾鲁孜饭"的锅，带四个锅耳朵。在锅耳朵上各放一块绵羊油，象征着新的一年牲畜肥壮，锅里总有肉可煮。现在，已少见这种锅，随着两耳孔锅的普及，这种仪式感只能挪在其他的庆祝环节。

吃饭前，包尔萨克、奶疙瘩、油香等种类繁多的美食摆在桌上，煮好的羊肉被装在大盘子里精心摆放，尤其是羊头，摆在最上面，非常显眼。这叫全羊席。羊头会奉献给家族中的老人，老人在接受羊头时，要念祝词，其他人双手摆出接东西的动作，接住平安、牲畜满圈、奶食丰盛的美好生活。

喝纳吾鲁孜粥，互祝平安、吉祥，畅谈和谐幸福生活，这是庆祝节日的必备环节，即使仇人也能坐下一起吃饭，大家一起迎接新年，抛弃旧日烦恼，迎来新气象。诺鲁孜饭一定要吃饱，来年才能生活富足。

在纳吾鲁孜节里，男女老少穿着一新，穿上鲜艳的民族服装，成群结队地从一个"阿吾勒"到另一个"阿吾勒"，走家串户吃

诺鲁孜饭，唱纳吾鲁孜歌，互相拥抱，迎接春天。节日期间不外出远行，不骂人打架，讲究与人为善、和谐共处。

　　庆祝新年，可以有多种方式。斗鸡、叼羊、赛马、姑娘追等民俗节目引得众人围观呐喊。但对于能歌善舞的民族，唱和跳更是欢乐的助燃剂。怀抱冬不拉的歌者倾情高歌，等一曲结束，只要有人起个头，围坐的人就开始合唱民歌，一首又一首。当热情而欢快的舞曲响起，群众一起走向广场中央跳舞，"黑走马"舞蹈更是当仁不让地掀起一波又一波快乐之潮。

这一刻，祈祷的幸福其实已经降临。它不是一家人的狂欢，也不是一个民族的狂欢，而成了各族人民的狂欢。如果赶上纳吾鲁孜节，一定要留好胃口，无论如何要喝上一碗纳吾鲁孜饭，那可是一碗幸福、健康、快乐。

塔塔尔族的文化盛宴：撒班节

奇台县大泉塔塔尔乡，是全国唯一的塔塔尔族的民族乡。

来到塔塔尔乡，走在宽敞的柏油路上，会被那些独门鲜花庭院所吸引。塔塔尔族以前从事畜牧业，现在从事种植业，成了农业民族。塔塔尔族人似乎很喜欢蓝色，村落门头、屋顶、院墙的装饰，都以蓝色基调为主。他们喜欢打理庭院，种植果树与花草，家家像小花园。

塔塔尔族是古代鞑靼人的后裔。新疆第一所教授当代知识的学校是由塔塔尔人办起来的。与能征惯战的祖先不同，他们是一群拥有知识、充满智慧的人，大多活跃在商业、教育战线上。

塔塔尔族的撒班节，在每年6月20日至25日之间举行，距今已有一千多年历史，是全民参与的节日，场地不固定，活动过程中无特殊禁忌。2011年5月，塔塔尔族撒班节被列入第三批国家级非物质文化遗产名录。

当更为先进的生产工具"犁铧"代替了铁锹、坎土曼、镢头等工具，塔塔尔人为此而欢聚庆祝。犁铧的塔塔尔语读音为"撒班"，于是，"撒班节"节便诞生了。久而久之，"撒班节"演变为塔塔尔族的传统节日。

每年春耕结束后，在明媚的季节里，以乡为单位，人们穿上节日的盛装，带上丰富的民族特色美食，汇集到郊外景色宜人的地方。庆祝活动由有威望的长者主持，一匹骏马拖着一个古老的犁铧，主持人象征性地按住犁进入场地，宣布撒班节开始。

犁地，是节日的序曲。所以，"撒班节"又称"犁头节"，是"庆祝春耕"的节日。

"撒班节"活动不带任何宗教色彩，是塔塔尔族传统文化的

丰富多彩的民俗活动 奇台县文化馆供／图

百科全书，保留了较完整的塔塔尔族习俗，是塔塔尔族文化盛宴。

最重要一环是品尝美食。塔塔尔族传统糕点很有特色，制作技艺受丝绸之路文化碰撞交融的影响，吸收了西方饮食文化特色，其糕点富有欧式糕点风格。品种繁多、造型别致、风味各异。古拜底埃、伊特白里西、克孜都日米拉都是色香味形俱全的美食。

节日中，最饱眼福的是装扮一新的塔塔尔族男女。他们穿着色彩和谐而美丽的民族服饰，女的美丽动人，男的帅气英俊，个个笑容明亮，眼神欢悦。他们衣服上精美的刺绣如星辰耀眼。塔塔尔族妇女都是刺绣的能工巧匠，帽子、头巾、枕巾、手帕、床单、袖口、领口、衣襟上、桌布、墙围、床围上，都被她们刺绣上了各种花卉草木，看着赏心悦目。

笑声最多的看点是赛马、摔跤、拔河、爬杆、赛跑等各项竞技活动。最令人心神荡漾的是载歌载舞的时刻。在乐器的伴奏下，人们唱起了古老的"几尔拉""撒班托依"和现代的塔塔尔族歌曲，跳起了塔塔尔族的舞蹈，在歌美舞酣时，伴以尖声呼叫和口哨声，尽显热情豪放、活泼乐观的民族性格。

生命的热烈抒情——民间社火

"社火"是我国广为流传的一种大型群众性自娱自乐文艺形式，是在迎神赛会或者节庆时所扮演的杂耍、百戏。一般是在春节期间举行，在正月十五元宵节（也称元夕、上元、元夜）达到高潮。它凝结着悠久的中国历史，积累有丰富的民族记忆，承载着中国人的精神追求，是普通百姓对中国民俗文化的巨大创造。

昌吉的"新疆社火"，最早可追溯到清朝乾隆年间（1770年前后）。来自关内甘肃、陕西、山西、河南、河北、四川等省的屯民扎根昌吉，这些移民带来了各具特色的家乡社火文化，河南会馆的狮子舞、陕西会馆的高台芯子、天津会馆的高跷、陕北的秧歌……以汉族、回族为主，多民族参与的昌吉州民间社火（新疆社火）。新疆社火又称"耍社火""唱秧歌"。

纪晓岚于1768年被流放到新疆，在乌鲁木齐住了3年。他曾在《乌鲁木齐杂诗》中留下关于社火的记录。"古牧地屯与昌吉头屯以舞狮相赛，不相上下。昌吉人舞酣之时，忽喷出红笺五尺，金书'太平天下'，随风飞舞。众目喧观，遂为擅胜。"这个记述非常具体，非常生动。一定是狮子站到了高台上，忽然从

闹元宵 丁玉礼/摄

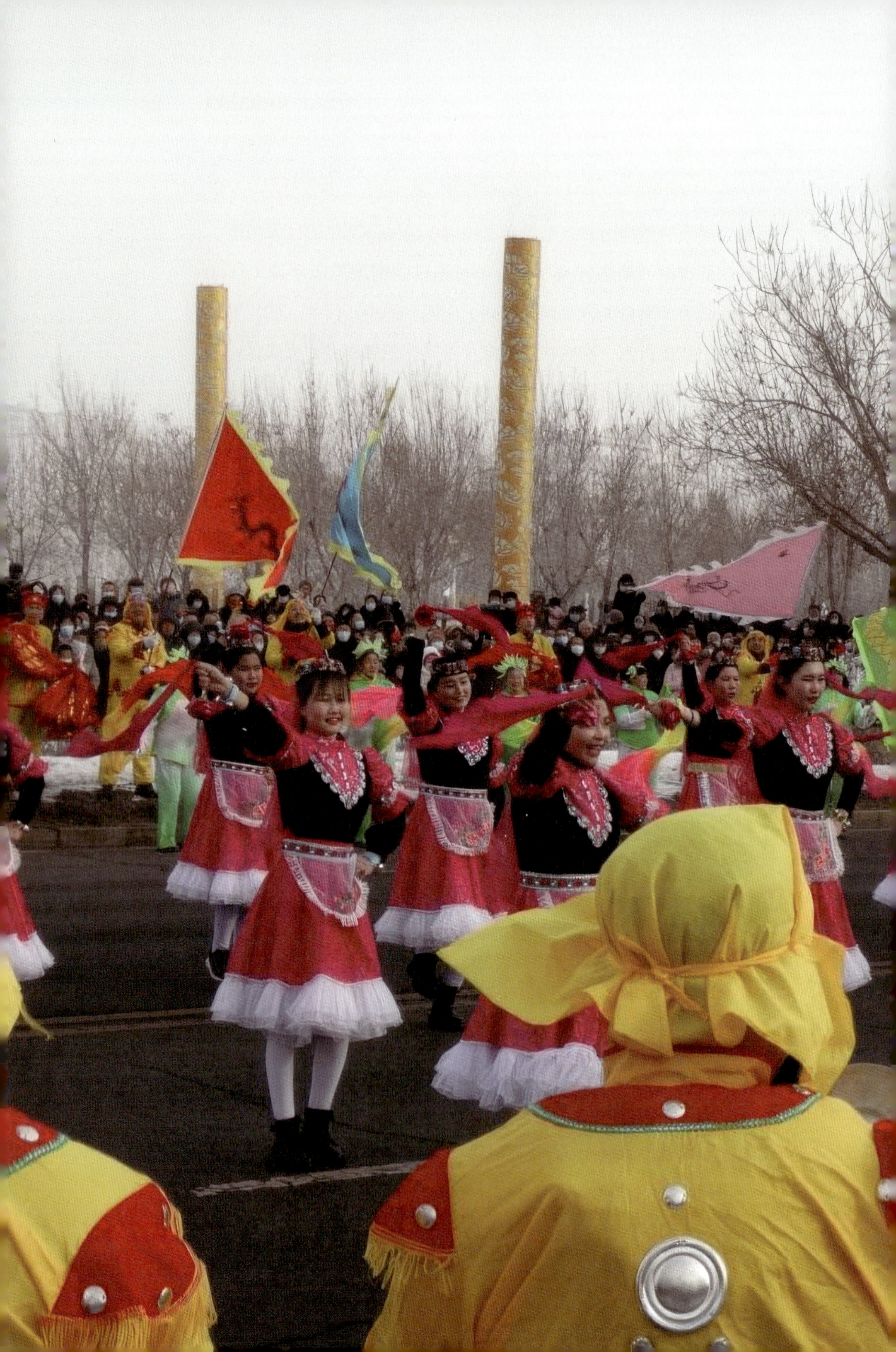

锣鼓队表演 奇台县文化馆 / 供图

■ 带一本书去昌吉

嘴里喷出了五尺长的红条幅，上书金字"太平天下"。出人意料，拔得头筹。他还记录过元宵节之夜，各族共舞的情景。吐鲁番的歌女歌喉动听，有的唱汉族歌曲唱出了民族风味。所以，250多年前，各民族文化的互相交流、融合，在元宵之夜就已经开始了。

　　昌吉"新疆社火"以汉、回民族为主，多民族参与。过去，社火主要是祭祀神灵，求福纳祥，表达人们追求美好幸福生活的愿望；经过几百年传承，昌吉"社火"，已成为各族群众欢度典庆喜闻乐见的民间文化活动。进入新时代后，昌吉州民间社火（新疆社火）在发展中传承，在传承中创新。除了舞龙、舞狮、秧歌等传统社火表演项目外，来自城乡的汉族、回族、维吾尔族、哈萨克族等 20 多个民族的群众，把回族"花儿"、维吾尔族"麦

西热甫"和哈萨克族"黑走马"等少数民族传统文化元素融入到社火表演中。多种文化大荟萃，成为昌吉社火表演的一大特色，独有地域文化标记。

自1983年以来，昌吉每年都举办元宵节社火表演大赛，"不到正月十五，年还不算过完"，每到正月十五便呈现出万人空巷看社火的热闹景象。各族群众身着节日盛装走上街头，巨龙腾空飞跃，大鼓、大镲铿锵有力，一辆辆花车闪亮登场，威风锣鼓气势如虹，社火队伍献艺纷呈，民众欢声雷动，共绘民族团结之图，同享民俗文化盛宴。好一幅欢腾雀跃的元宵庆典画卷。

一年仅一次的正月社火活动是每个昌吉人都无法割舍的新春盛宴。承载着昌吉各族群众的记忆，红红火火的社火，不仅增添

正月十五社火 谭成军/摄

了节日氛围，让各族群众在欢乐中感受到了浓浓的年味，也饱含着广大群众对美好生活的憧憬。

40年来，昌吉"新疆社火"逐渐成为昌吉市一张亮丽的文化名片，并于2021年被列入第五批国家级非物质文化遗产代表性项目名录。

新疆曲子：唯一的新疆汉语剧种

"头戴缨盔托马克，身穿战袍阔耐克。足蹬朝靴约提克，手拿大刀皮卡克。胯下战马依夏克……来将通名，吾，蒙古大将喀拉马克。"

看到这段新疆曲子唱词，估计很多人会发懵，以为曲词错乱了。其实，这是一段"维汉合璧"的唱词。前一半是汉语，后一半是维吾尔语，两者之间相互注释，又合辙押韵。这个当时流行的新疆曲子，由维吾尔族演员唱出来，更显风趣与幽默，这种多元化的唱词只属于新疆，属于这个多民族融合并共同创作的地方。

新疆曲子俗称"小曲子"，是文化和旅游部认定的新疆唯一用汉语言为基础表演的地方戏曲剧种。是流入新疆的陕西曲子、青海平弦、兰州鼓子、西北民歌等，融合了新疆各民族的音乐艺术，而逐步形成和完善的一个具有独特风格的地方戏曲剧种。

清乾隆年间至光绪年间，大规模的移民屯垦，为陕甘小曲子流入新疆创造了条件。1884年新疆建省，社会生活稳定，移民越来越多，"小曲子"进入发展的第一个高峰期。在冬闲或喜庆

智慧与活力在此绽放

节日，热闹于军营、庭院或街头的吹拉弹唱，逐渐融入当地的民间故事、方言俚语和音乐舞蹈，各种元素发生了艺术的化学反应，便诞生了一种符合回、汉、锡伯族群众欣赏习惯的新型艺术——新疆曲子。据《中国戏曲志·新疆卷》记载，百姓间有句顺口溜："庄稼人吃饭拉条子捋面，要想看个戏小曲子乱弹。" 当时迪化城（今乌鲁木齐）内的街头巷尾，"晨雾暮炊处，无不闻曲声"。

新疆小曲子已有两百年历史，它是一种草根文艺，生于民间、长于民间、演于民间、传于民间，不论什么地方，不论有多少人，表演者都可以弹起三弦就唱，拿起道具就演。演唱者或独自表演，听者唱和；或插科打诨，与观众交流。诙谐幽默，洒脱豪放，亲切易懂，深受人们喜欢，在它的辉煌时代，"人无男妇，年无老

新疆曲子 李文强／摄

稚，闻将演剧，无不踊跃欢呼"。

诞生于1915年的《下三屯》，是新疆曲子的第一个创作曲目，标志着新疆曲子基本上已成为一个独具特色的地方曲种。作者为木垒县外号为"瞎八斤子"的盲人张生才，张生才名动木垒、奇台、吉木萨尔一带，当地有谚语云：宁听瞎八斤子唱，不到木垒河浪。

1958年，随着昌吉回族自治州新疆曲子剧团的成立，新疆曲子正式成为一个地方剧种。剧团被文化部命名为"天下第一团"。先后收集、整理出新疆曲子剧目120余出，曲调近180首。

直到改革开放后，新疆曲子又迎来了发展的春天。1980年，自治区文化厅在呼图壁成立昌吉州呼图壁新疆曲子剧团。剧团曾在沙湾县一连演24天，出现过村民开140多辆拖拉机来看演出的盛况，还代表国家多次出访国外，受到文化部的表彰。各地民间班社也逐渐恢复，城市、乡村到处都有曲子班社，自唱自乐。因为热爱新疆曲子，有的艺人用三只羊换回一个三弦，有的倾毕生之力收集整理资料以成书，有的长途跋涉只为一次表演交流，有的坚持家庭传承已至第四代。

2006年5月20日，新疆曲子入选第一批国家级非物质文化遗产名录。新疆曲子还多次登上央视荧屏。呼图壁县是新疆曲子传承的"领头羊"，连续多年举办新疆曲子文化节，将新疆曲子正式引入校园课程，2015年，还诞生了第一支以新疆曲子为元素的广场舞。

新疆曲子的声腔属于曲牌联缀体，以俗曲、小调、民歌居多。道白用的是纯正的新疆汉语方言兰银官话，唱词和曲调又杂糅了多种民族语言和音乐调式。经过融合、发展与创新，新疆曲子具

正月十五社火 谭成军/摄

有了浓郁新疆地域特色，与百姓自身生活密切相关，它久唱不衰，令人百听不厌，已内化于每一个"老新疆人"的血液，成为一种身份认同的标志。

昌吉州五县二市，处处有新疆曲子自乐班。要是听到一个六七十岁的人边走边哼着新疆曲子，也不会感到意外。

跳上一曲"黑走马"

小伙不跳黑走马，英俊潇洒哪里来；姑娘不跳黑走马，爱的心房谁打开……

黑走马，哈萨克语"卡拉角勒哈"，意为"黑色的走马"，是哈萨克族民间舞蹈。可以说，只要有哈萨克人的地方就会有"黑走马"的身影。

哈萨克族爱马，世人皆知。对他们来说，马是工具，也是伙伴，征战、狩猎、放牧、迁徙都少不了马的帮助。黑走马是马中尤物，通体黑亮，剽悍雄壮，走时步伐平稳有力，姿态优美，蹄声犹如铿锵鼓点。

黑走马很通人性，眷恋主人。传说很久以前，蒙古人打败了哈萨克人，抢走了哈萨克族人心爱的马匹。哈萨克人很难过，便跑到山顶，吹起了自己的民族乐器。黑走马听懂了主人的呼唤，掉头便跑回了哈萨克部落。黑走马忠诚如是，深得哈萨克人的喜爱。

哈萨克意为"广袤草原上自由迁徙的勇敢、自由的人们"，

■带一本书去昌吉

智慧与活力在此绽放

黑走马 李天仁 / 摄

这个民族豪爽乐观，能歌善舞，一生都在冬不拉的节奏中舞动。出于对力量的渴望、对自然的敬畏和对图腾的崇拜，他们从生活中汲取艺术的营养，创作了很多以草原动物为颂扬对象的舞蹈，比如天鹅舞、熊舞、鹰舞，还有"黑走马"。

"黑走马"主要表现了骏马在草原上奔驰的各种矫健姿态，舞蹈动作多用动肩，肩部上下移动，有别于蒙古族舞蹈肩部的前后移动，比维吾尔族舞蹈的肩部动作更丰富。男性的动作轻快有力，刚健苍劲，模仿黑走马的走、跑、跳、跃等姿态。虽说动作比较简单，但一张一弛间，却尽显粗犷、欢腾和豪放。女性的动作优美舒展、活泼含蓄，如显示姑娘美丽而自豪的"花儿赞"，窥视恋人的"羞窥"，前俯后仰的"展裙吊花"等。

"黑走马"的伴奏乐曲明快活泼，节奏感极强，"叮咚叮咚"的旋律宛如骏马在草原上驰骋。它由哈萨克族的传统乐器冬布拉弹奏，按照舞蹈的快慢来变换节奏，并形成了大同小异的地方特点和个人演奏技巧。随着时代的进步，在一些大型演出活动中，用"黑走马"伴奏带伴奏也已成为多数表演队的首选。

大型集会中，"黑走马"是必备节目。放牧、劳动之余，"黑走马"是日常娱乐，高歌欢舞，甚至通宵达旦。人们随时随地即兴起舞，单人跳，双人对跳，多人集体表演都是常见表演方式。伴着冬布拉的琴声，舞者抖肩翻手，即兴发挥，率性起舞，脸上瞬间闪动着一种异样的光辉，煞是动人。

在正规的民俗活动和节庆期间表演中，舞者戴毡帽，穿衬衫和带彩色图案的坎肩，穿长裤和靴子，扎牛皮腰带，一股浓郁的草原气息扑面而来。

随着时代的发展，黑走马舞蹈成为民族文化展示的一张名片，也成为新疆各族群众喜爱的一种舞蹈。在草原、广场、校园、舞台、运动会入场式、欢迎仪式上，都能看到"黑走马"。古老的舞蹈在保护中创新，在创新中发展，持续地焕发着新的活力。

"黑走马"是民族文化的瑰宝，2011年被列入第三批国家级非物质文化遗产名录。

新疆花儿：心上的话

苍凉的大西北，孕育出了唱词浩繁、激情高亢的民间瑰宝"花儿"。

"花儿"传唱于汉族、回族、藏族、东乡族、土族、撒拉族、保安族、裕固族、蒙古族等民族，是世界上极为罕见的由多民族共同创造，却主要用一种语言（汉语言）演唱的民歌。几百年来，"花儿"成为民众驰骋精神与智慧的高原，是我国多个民族共有的文化遗产和精神财富。

元清两代的新疆屯田与人口迁移措施，使得最早流传于宁夏、甘肃、青海一带的花儿，传入了昌吉。经几百年演变，花儿在整合了许多新的内容之后，成了具有鲜明的民族风格和地方特色的"花儿"，散发着新疆味道，成了"新疆花儿"。

新疆花儿具有较强的艺术感染力和生命力，具有人类学、民族学、民俗学等民间文化艺术重要的研究价值，是民间文化艺术宝库中的一颗璀璨明珠。2008年，新疆花儿被国务院列入第二批国家级非物质文化遗产保护名录。

新疆花儿俗称"山歌""野曲""少年"等，是群众即兴创作和口头传唱的民间歌谣。旧时花儿多在民间传唱，歌者在空旷之地无拘无束地放声高歌，即兴编词，指物为歌，生活、爱情、时政、劳动等皆入胸怀，作为"心上的话"奔涌而出。

情歌是花儿的主体，集中了历代人民群众的天才智慧，是花儿中最动人、最精彩、最丰富的部分，产生的时代远，流传的时间长，有着多方面的价值。新疆人性格豪放洒脱，在花儿中咏唱爱情时更加大胆率真、幽默潇洒，甚至还创新出了专门咏唱爱情的花儿曲牌"花花尕妹令"等。

经过演变，新疆花儿的唱词融入了"河湟"的比喻，曲调吸纳了"洮岷"的婉转，唱腔融入了维吾尔族音乐的欢快节奏、哈萨克族阿肯弹唱的幽默，保持了内地"花儿"高亢、嘹亮、明快的特点，又具有悠扬、细腻、委婉的特色，既有传承，也有创新，受到当地民众的喜爱，尤其成了回族群众的精神挚爱，他们创造、演唱、继承和传播着花儿。当他们的厚嗓在麦浪间荡漾，这片土地的铿锵便被岁月收藏。

已故原昌吉州民间花儿唱家子韩生元，是新疆花儿奠基人，也是新疆花儿第一位国家级代表性传承人。他把民间市井的很多元素及民间的戏剧、样板融入"花儿"艺术创作，创新并拓展了"花儿"的艺术性。经他创作并演唱的"花儿"作品有1000多首，仅曲令就有30多个。2009年5月2日，韩生元老人正式收了汉族、回族、维吾尔族徒弟共10名，标志着新疆昌吉回族"花儿"后继有人。经过不断学习、实践，他们已成了新疆花儿传承的中坚力量。

　　新疆花儿主要流布于昌吉回族自治州诸县、市、乌鲁木齐市米东区、东疆的哈密地区、南疆的焉耆、博湖县以及北疆的伊犁州等汉族、回族、东乡族等聚居地区。

　　昌吉回族"花儿"的传承空间是"花儿会"。它是"花儿"传承与发展的摇篮，"花儿"歌手竞赛与交流的舞台，是劳动人民农闲时集会、休闲娱乐的场所。

　　在新疆花儿式微越来越明显的今天，新疆花儿将往何处去？当听到"网红歌曲"《法图麦》时，一股熟悉的传统花儿的味道扑面而来。也许融入流行歌曲元素，让更多的年轻人爱上它，是传承的一个途径。

吉木萨尔县花儿歌手苏应斌、马英萍演唱花儿 苏应斌/供图

后记

我是一个喜欢旅行的人。因为脚踝骨折，暂时被囚禁于家中，窗外的白云和被厚墙遮住的博格达，是一个巨大的诱惑。

休息了100天后，我走下六楼参加活动。这时，接到了中国民族文化出版社编写"中国这么美的30个自治州"系列《带一本书去昌吉》的邀请电话，我没有犹豫，选择了写昌吉州。

一个地方真正吸引人的，在于它拥有岁月流转中的沧桑与强大生命力。昌吉是一个充满历史底蕴与现代气息的地方，它既有远古时代的神秘，亦披挂了无数时间之河中的神奇，多少人的生命交叠在这片地域，他们共同创造了城市，锻造了独特的文明，交融、衍生出多元多姿的文化，其变迁与发展是一部生动的历史长卷，为中华民族的历史画卷增添了绚丽多彩的一笔。

昌吉的每一寸土地、每一片风景都在诉说着属于它自己的故事。大自然的鬼斧神工令人惊叹，独特的地域文化特色令人着迷。我重新认识了昌吉，更加热爱这块土地，我也感受到文旅融合后，其文旅产业的巨大潜力。

我意识到，用手中的笔介绍昌吉的美，让隐藏的风景浮现，让沉默的故事发声，让深邃的历史回眸，是多么荣幸的事情。

昌吉有着原生态的壮丽与辽阔。绵延于东三县的万亩旱田，有些被托举在高高的山坡，有些滑向山脚。它的背景是壮丽的天山，层峦叠嶂，云杉挺立，层次鲜明，即使在盛夏，也举目见雪。观感无与伦比。万亩旱田中的人类耕种的痕迹和自然的原始风貌，构成了一幅大景观。这个大景观中镶嵌着村落、麦田，也镶嵌着山埂、野草和远山，层次丰富，格外动人。冬季的天池和江布拉克，是另一种童话仙境，冰雪景观、高山滑雪、热闹的冬宰节，装扮着冬季的胜景。

有趣的人生，都是山川湖海。热爱旅行的人，来到陌生的地方，往往在身体移动之时，找到一种全新的视角和思维方式，重新审视自己和生活。你会发现，原来世界如此广阔和多元，而自己的认知却如此有限。认知的拓展和视野的开阔，会让你更加珍惜自己的生活，更加热爱这个世界。

这是心灵的觉醒，亦是旅程之真谛。在拥抱陌生和未知之中，寻觅那份能点亮心灯的意涵。

因为这本书，昌吉的风景能被更多的人看见、理解并热爱就是我最大的心愿。

感谢所有在我创作过程中给予支持和帮助的人。感谢昌吉州文旅局、呼图壁县文旅局、吉木萨尔县文旅局、奇台县文化馆、古海温泉、杜氏旅游度假村、水磨河避暑休闲旅游度假区、小分子画家村等旅游景点的对本书图片的支持，感谢摄影作者李天仁、王锡军、严萍、于光明、高承善、张赫凡、李文强、何龙、谭成军、刘新民、马国芬、唐朝、周恃玉等老师的慷慨支持。感谢出版社各位领导和编辑的辛勤付出和专业指导。

最后，我还要特别感谢新疆影天文化传媒有限公司的负责人、阜康网络达人——巴克达吾列提·特列吾巴依老师，他笑称自己是天池推介官，肩负着推广这片人间仙境的使命。他将多幅珍贵照片予我，并坚定地赋予我无偿使用的权利，坚信天池之美不应被深藏闺中，而应广为人知，成为连接世界与新疆的桥梁。

图书在版编目（CIP）数据

带一本书去昌吉 / 赵航著 . -- 北京：中国民族文化出版社有限公司，2024.8.（2025.1 重印）--（中国这么美的 30 个自治州）. -- ISBN 978-7-5122-1938-0

Ⅰ.K928.945.2

中国国家版本馆 CIP 数据核字第 2024H350N0 号

带一本书去昌吉
Dai Yi Ben Shu Qu Changji

总 策 划	刘彦明
执行策划	赵 天
作 者	赵 航
责任编辑	张 宇
排 版	王韦韦
责任校对	袁 琦
出 版 者	中国民族文化出版社　地址：北京市东城区和平里北街 14 号
	邮编：100013　联系电话：010-84250639　64211754（传真）
印 刷	小森印刷（北京）有限公司
开 本	710mm×1000mm　1/16
印 张	17.75
字 数	160 千字
版 次	2024 年 10 月第 1 版
印 次	2025 年 1 月第 2 次印刷
标准书号	ISBN 978-7-5122-1938-0
定 价	78.00 元

版权所有　侵权必究